可转债

实战投资技巧

王　征　李晓波◎著

中国铁道出版社有限公司

CHINA RAILWAY PUBLISHING HOUSE CO., LTD.

图书在版编目（CIP）数据

可转债实战投资技巧/王征，李晓波著.—北京：中国
铁道出版社有限公司，2022.9
ISBN 978-7-113-29224-9

Ⅰ.①可… Ⅱ.①王… ②李… Ⅲ.①可转换债券-债券
投资-基本知识 Ⅳ.①F830.91

中国版本图书馆CIP数据核字(2022)第098900号

书　　名：可转债实战投资技巧
　　　　　KEZHUANZHAI SHIZHAN TOUZI JIQIAO
作　　者：王　征　李晓波

责任编辑：张亚慧　　　编辑部电话：（010）51873035　　　邮箱：lampard@vip.163.com
封面设计：宿　萌
责任校对：孙　玫
责任印制：赵星辰

出版发行：中国铁道出版社有限公司（100054，北京市西城区右安门西街 8 号）
印　　刷：北京铭成印刷有限公司
版　　次：2022 年 9 月第 1 版　2022 年 9 月第 1 次印刷
开　　本：700 mm×1 000 mm　1/16　印张：15.25　字数：210 千
书　　号：ISBN 978-7-113-29224-9
定　　价：79.00 元

可转债是一种债券＋期权的结合体，其债券属性说明可以到期兑付本金并拿到相应的利息；因为发行规则中规定可转债在一定条件下可转换成对应公司的股票，如果股价上涨则对应的可转债价值提升，价格跟随对应公司股价上涨，所以，投资可转债是非常安全的。在熊市中可转债是火种，在牛市中可转债是火焰。总之，可转债不是一个暴利工具，它可能会让你获得安全的盈利。

可转债市场无涨跌停限制，并且实行 T+0 交易，有利于投资者在交易中获取收益。投资者可通过两大策略投资可转债，即投机与交易策略、套利策略。

| 内容结构 |

本书共 10 章，具体章节安排如下：

➤ 第 1 章：讲解可转债的基础知识，如可转债的定义、特点、优势、获利方式、发展历史等，然后讲解可转债的行情分析软件，最后讲解可转债投资应注意的事项。

➤ 第 2 章～第 5 章：讲解可转债的债券要素和特有要素、可转债价值的评估、可转债的打新和配售、可转债的交易规则和分时图走势。

➤ 第 6 章～第 9 章：讲解可转债的实战技巧，即单根 K 线实战技巧、K 线组合实战技巧、K 线形态实战技巧、套利实战技巧。

➤ 第 10 章：讲解可转债基金的投资策略。

| 内容特色 |

本书特色归纳如下：

（1）实用性：首先着眼于可转债实战应用，然后探讨深层次的技巧问题。

（2）详尽的例子：附有大量的例子，通过这些例子介绍知识点。每个例子都是作者精心选择的，初学者反复练习，举一反三，即可真正掌握可转债实战技巧，学以致用。

（3）全面性：包括可转债的基础知识、债券要素、特有要素、价值评估、打新、配售、单根 K 线实战技巧、K 线组合实战技巧、K 线形态实战技巧、套利实战技巧及可转债基金的投资策略。

| 适合读者 |

本书适合可转债投资的初学者和爱好者，更适合喜欢低风险、高收益的股票爱好者。满足了投资者系统性学习可转债的需求，帮助投资者掌握可转债的实战投资技巧。

| 创作团队 |

本书由王征、李晓波创作，周凤礼、周俊庆、张瑞丽、张新义、周令、陈宣各等对本书的编写提出了宝贵意见并参与了部分相关工作。

由于时间仓促，加之作者水平有限，书中缺点和不足之处在所难免，敬请读者批评指正。

作　者

2022年6月

| 目 录 |

第 1 章

可转债投资快速入门

　　可转债是攻守兼备的独特品种。攻，意味着摧城拔寨、获取收益；守，意味着降低风险、保住本金。

本章主要内容包括：
- ➤ 可转债的定义、特点和优势
- ➤ 打新可转债
- ➤ 获得可转债优先配售权
- ➤ 像股票一样买卖可转债
- ➤ 同花顺软件的下载和安装
- ➤ 同花顺软件的用户注册与登录
- ➤ 利用同花顺软件查看可转债
- ➤ 可转债投资应注意的事项

1.1 初识可转债

可转债是"下有保底、上不封顶"的独特投资品种。下面介绍可转债的定义、特点及优势。

1.1.1 什么是可转债

可转债,本质就是上市公司为了向广大投资者借钱而发行的一种债券。需要注意的是,由于上市公司发行的债券收益率都比较低,所以吸引力不够,即投资者不愿意购买。于是上市公司承诺,如果投资者购买公司债券后,公司股价出现明显的上涨行情,这时债券可转换成公司的股票。这样购买债券的投资者即可获取股价上涨带来的收益。

如果购买公司债券后,公司股价没有出现上涨,甚至下跌。这时购买债券的投资者可以不换成公司股票,继续持有债券,到期后按约定的利率收回本金和利息。

所以,可转债是攻守兼备的独特投资品种。攻,意味着摧城拔寨、获取收益;守,意味着降低风险、保住本金。

下面具体介绍可转债的定义。

可转债是可转换公司债券的简称,又称为可转换债券。上市公司发行的含有转换特征的债券。在招募说明书中发行人承诺根据转换价格在一定时间内可将债券转换为公司普通股。转换特征为上市公司所发行债券的一项义务。可转换债券的优点为普通股所不具备的固定收益和一般债券不具备的升值潜力。

1.1.2　可转债的特点

可转债既具有债券特点，也具有股票特点，具体有三点，分别是债权性、股权性和可转换性，如图1.1所示。

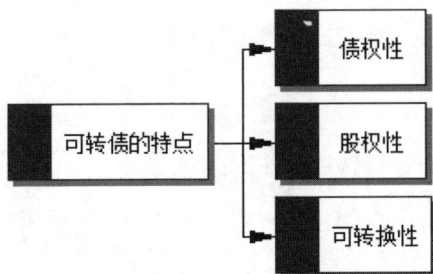

图1.1　可转债的特点

1. 债权性

可转债，首先是债券，即上市公司发行的债券。可转债具有普通债券的利率和期限，投资者可选择持有债券到期，收取本金和利息。

2. 股权性

需要注意的是，可转债在没有转换成股票前，只是纯粹的债券。但是，一旦可转债在转股期内转换成股票，原债券持有人就由债主变成了公司股东，可以享受股票的股息和分红，并且还可以参与企业的经营决策。一旦股价超过转股价，即可在上涨中享受高于普通债券的收益。

3. 可转换性

可转换性是可转债的重要标志，也是其最大的优点，因为具有该优点，可转债拥有一种双重选择权。

可转债在发行时就明确约定，投资者可按照发行时约定的价格将债券转换成公司的普通股票。如果投资者不想转换，则可以继续持有债券，直到偿还期满时收取本金和利息，或者在流通市场出售获利。

如果投资者看好发债公司股票增值潜力，在宽限期之后可行使转换权，按照预定转换价格将债券转换成股票，发债公司不得拒绝。

> 提醒：转股权是投资者享有的、一般债券所没有的选择权。

另外，可转债持有者还享有在一定条件下将债券回售给发行人的权利，发行人在一定条件下拥有强制赎回债券的权利。

总之，可转债具有双重选择权的特点。一方面，投资者可自行选择是否转股，并为此承担转债利率较低的成本；另一方面，可转债发行人拥有是否实施赎回条款的选择权，并为此要支付

> 提醒：可转债因为具有可转换性，所以，其利率一般低于普通公司债券利率，上市公司发行可转换债券可以降低筹资成本。

比没有赎回条款的可转债更高的利率。双重选择权是可转债最主要的金融特点，它的存在使投资者和发行人的风险、收益限定在一定的范围内，并可以利用这一特点对股票进行套期保值，获得更加稳定的收益。

1.1.3　可转债的优势

可转债的优势主要表现在四个方面，分别是申购门槛低、风险低、交易灵活、无涨跌幅限制，如图1.2所示。

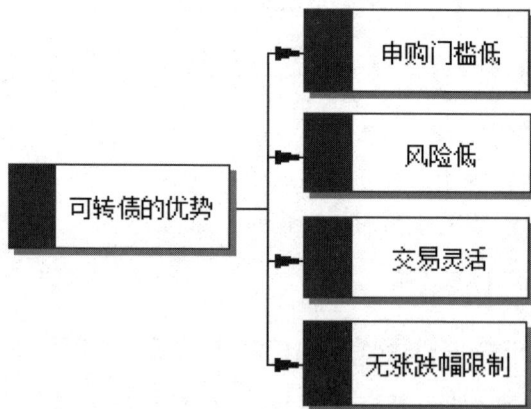

图1.2　可转债的优势

1. 申购门槛低

可转债申购与新股申购不同。新股申购需要股票账户中有市值，而可转债申购采取信用申购，即股票账户中没有市值也可以申购可转债，并且可以进行顶格申购。

> 提醒：顶格申购就是申购的上限。例如，一只可转债每个账户的申购上限为 10 000 张，申购 10 000 张就是顶格申购。

2. 风险低

可转债由于存在强制赎回情况，所以风险相对较低。强制赎回有两种情况，具体如下：

第一，当上市公司可转债的正股价连续十五至二十个交易日高于转股价的130%，就会触发强制赎回。

第二，当上市公司可转债的正股价连续约三十个交易日小于转股价的80%~90%时，上市公司就会强制赎回可转债，赎回价格在101~103元。一般发生在可转债长期处于破发的情况，通过强制赎回可以保护投资者的预期收益。

3. 交易灵活

可转债的交易方式与股票不同，股票实行T+1交易方式，即投资者今天买进，下一个交易日才能卖出。可转债实行T+0交易方式，即投资者当日买进可转债，当日即可卖出，可转债的交易更加灵活。另外，投资者还可以当时低价买进可转债，高价卖出可转债，从而实现获利。

4. 无涨跌幅限制

股票交易实行涨跌停板制度，即上涨或下跌幅度都有限制。可转债无涨跌幅限制，这样可能会使可转债在当日涨幅超过20%，会给投资者带来很大的预期收益。

需要注意的是，由于可转债具有可转换性，所以，当其对应的标的股价上涨时，可转债的价格也会上涨，有时上涨幅度比股价要大，可转债价格与股价之间存在套利的可能。所以，在牛市中，可转债对应的股价上涨时，可转债的收益会更稳健。

1.2　投资可转债的方式

投资可转债的方式有三种，分别是打新可转债、获得可转债优先配售权、像股票一样买卖可转债，如图1.3所示。

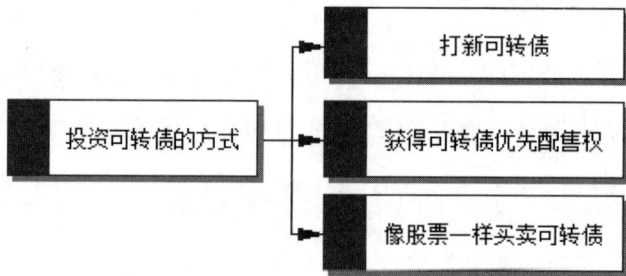

图1.3　投资可转债的方式

1.2.1　打新可转债

投资者只要有股票账户，即可像打新股一样，打新可转债。在正常行情下，可转债以100元面值发售上市都有得赚，只不过由于行情不同和公司质地不同，导致不同可转债之间赚多赚少有差异。

打新可转债的操作方法很简单，直接输入可转债的代码、价格、数量，最后确认即可。可选择的发行面值都为100元，申购的最小单位为一手（10张）1 000元。

需要注意的是，在特殊情况下，正股发行可转债到上市的这段时间内，股价连续下跌，新债就有破发的风险。在熊市中，可转债打新也不一定能赚钱。但在牛市中，打新可转债上市当天都会有较大的涨幅，投资者会有较大盈利。在牛市中，投资者可以大胆打新可转债，唯一的风险就是中签的不确定性。

1.2.2　获得可转债优先配售权

上市公司发行可转债，会稀释股权。为了补偿老股东，在登记日持有股票可以获得优先认购权。

一般情况下，上市公司会提前几天发公告说明可转债申购日期，投资者可以看情况准备抢权配售；配售股权登记日为申购日前一日，配债股票在股权登记日那天收盘一定要持有，买入时间可以是之前，卖出时间可以是之后任意时间，申购日当天早盘一般有抛压，正股买卖点是配售是否赚钱的决定性因素。

1.2.3　像股票一样买卖可转债

二级市场中可转债的买卖方式与股票一样，投资者可以像股票一样买卖可转债。

在市场中，一些大盘股可转债的K线走势，与正股走势几乎一样。如果想短线交易，买大盘股不如买大盘股的可转债，因为可转债是T+0交易，即当日买进可以当日卖出，并且卖出没有印花税，这样可以省下交易手续费。

另外，市场中有些可转债涨跌幅很大，如果是短线高手，可以一个交易日来回交易多次，只要把握得好，能赚到不少，但如果把握不好，可能会亏得厉害。

提醒：可转债发行一般会对老股东优先配售，因此，投资者可以在股权登记日之前买入正股，然后在配售日行使配售权获得可转债。

1.3 可转债的行情分析软件

当前，市场中股票软件都可以查看可转债行情，其中同花顺软件是一款功能强大的、免费的网上证券交易分析软件。

在同花顺登录对话框中，正确输入账号和密码，然后单击"登录"按钮，即可成功登录同花顺软件，如图1.4所示。

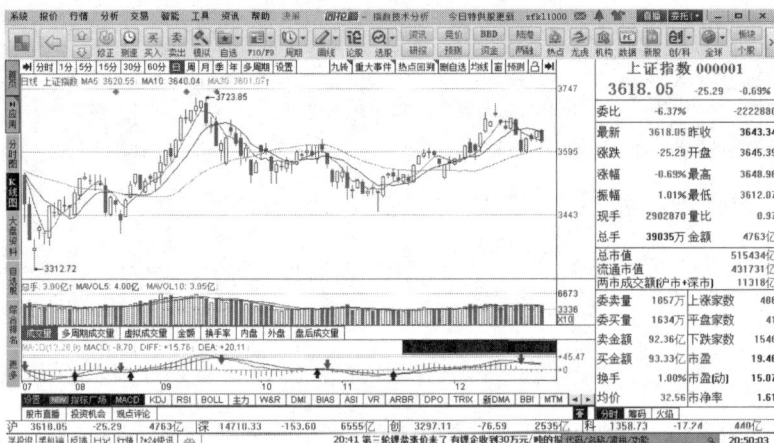

图1.4 成功登录同花顺软件

选择菜单栏中的"行情/债券"选项，即可看到可转债命令，如图1.5所示。

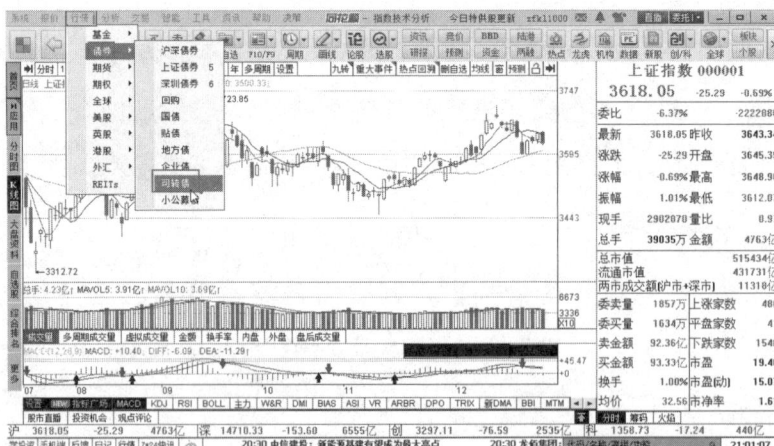

图1.5 可转债命令

选择"可转债"选项，即可看到可转债的报价信息，即可转债的代码、名称、涨幅、现价、正股简称、正股价格、正股涨幅、转股价格等信息，如图1.6所示。

图1.6　可转债的报价信息

单击"股债联动"选项卡，即可同时看到可转债和正股的分时走势图信息，如图1.7所示。

图1.7　同时看到可转债和正股的分时走势图信息

单击可转债下面的"K线图"，即可把可转债的分时走势图转换为可转债的K线图，如图1.8所示。

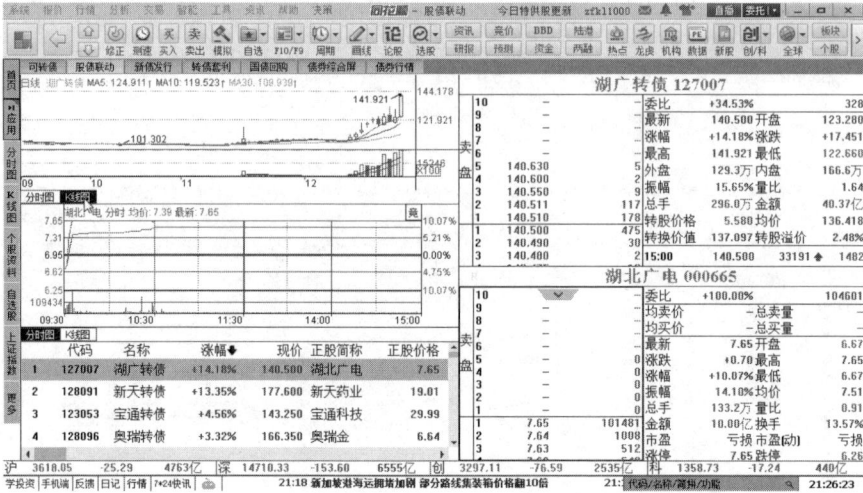

图1.8   把可转债的分时走势图转换为可转债的K线图

图1.8所示为湖广转债（127007）和其正股湖北广电（000665）的走势图。如果想查看其他可转债及其正股，单击其他可转债名称即可。单击宝通转债（123053），即可查看该可转债及正股的走势信息，如图1.9所示。

图1.9   宝通转债（123053）及正股的走势信息

单击"新债发行"选项卡，即可看到已上市债券信息及未上市债券信息，如图1.10所示。

图1.10 已上市债券信息及未上市债券信息

已上市债券可以看到利率、上市时期、涨幅等信息。未上市债券可以看到代码、债券简称、申购日期、申购代码、原股东配售码、发行总量（亿元）、中签公布日、上市日期等信息。

单击"转债套利"选项卡，即可看到理论套利空间和折价转股套利步骤信息，如图1.11所示。

图1.11 理论套利空间和折价转股套利步骤信息

如果想查看某只可转债信息，只需双击该可转债名称，即可看到该可转债的分时走势图信息。双击"宝通转债（123053）"，宝通转债（123053）的分时走势图如图1.12所示。

图1.12　宝通转债（123053）的分时走势图

在分时走势图状态下，按"Enter"键，即可看到宝通转债（123053）的日K线图，如图1.13所示。

图1.13　宝通转债（123053）的日K线图

还可以查看宝通转债（123053）的1分钟、5分钟、15分钟、30分钟、60分钟、周线、月线等时间的K线图。单击"60分"，即可查看宝通转债（123053）的60分钟K线图，如图1.14所示。

图1.14　宝通转债（123053）的60分钟K线图

1.4　可转债投资应注意的事项

一般来讲，由于可转债都是上市公司发行，并且需要通过相关的审核，所以，可转债的安全性非常高，A股历史上还未出现过违约的个例。但风险小不代表没有风险，可转债投资还会面临四种风险，分别是正股股价高于转股价格风险、正股股价低于转股价格风险、提前赎回风险和转换风险，如图1.15所示。

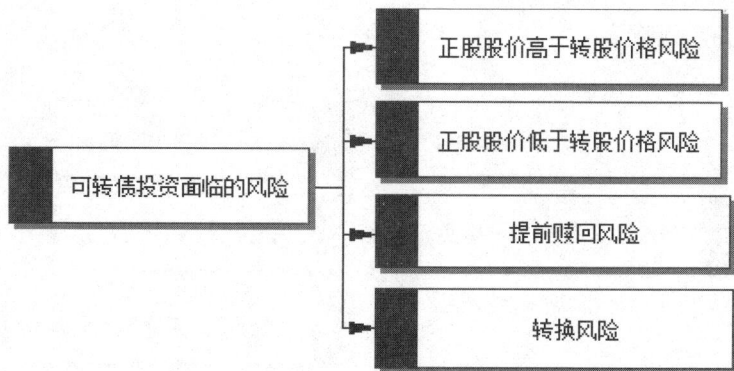

图1.15　可转债投资面临的风险

1. 正股股价高于转股价格风险

当正股股价高于转股价格时,可转债价格随股价的上涨而上涨,但也会随股价的下跌而下跌,持有者要承担股价波动的风险。

2. 正股股价低于转股价格风险

当正股股价下跌到转股价格以下时,持有者实际成为债券投资者,因为转股会带来更大的损失;而可转债利率一般低于同等级的普通债券,所以会给投资者带来利息损失。

3. 提前赎回风险

可转债规定发行者可以在发行一段时间后以某一价格赎回债券。这不仅限定了投资者的最高收益率,也给投资者带来再投资风险。

4. 转换风险

债券存续期内的有条件强制转换,也限定了投资者的最高收益率,但一般会高于提前赎回的收益率;而到期的无条件强制转换,将使投资者无权收回本金,只能承担股票下跌的风险。

为了避免和降低上述四种可能风险,可转债投资应注意的事项有三点,分别是把握可转债投资的时机、把握可转债的特定条款、发行人的信用评级和基本面,如图1.16所示。

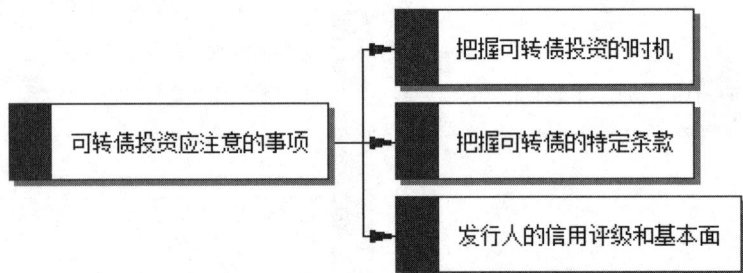

图1.16　可转债投资应注意的事项

1. 把握可转债投资的时机

可转债投资的关键在于对买卖时机、持有期的把握，可转债尤其适合在经济复苏的初期投资，较适合中期持有。投资者正确的操作策略是以中期持有为目标，低价买进可转债，等股价上涨后，再将可转债转换为股票或直接卖出可转债，赚取其中的差价收益。

2. 把握可转债的特定条款

可转债的特定条款一般包括四项，分别是票面利率、回售条款、转股价格修正条款、赎回条款，如图1.17所示。

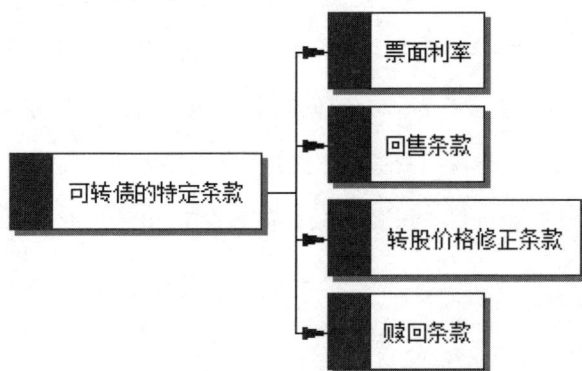

图1.17　可转债的特定条款

第一，票面利率。票面利率涉及可转债的债券本身价值。一般来讲，由于可转债具有可转换性，其票面利率低于其他债券和银行利率。但可

> 提醒：可转债的特定条款在募集说明书中一般都会有说明。

转债的利率水平不是固定不变的，一般呈每年递增的趋势，不同的可转债的票面利率和利率递增方式仍有区别，投资者要特别关注。

第二，回售条款。投资者应该关注可转债回售期限及回售价格。一般来讲，回售时间越早、价格越高，对投资者越有利。

第三，转股价格修正条款。目前上市可转债多为股票市价连续 N 个交易

日低于转股价80%~90%以上时向下进行修正。该条款体现了可转债发行人对持有人的保护程度，转股价格修正条款制定得越灵活，投资者的风险越小。

第四，赎回条款。发行人制定赎回条款的主要目的是促使可转债持有人在转股期间尽快转股，投资者要充分理解该条款的内容，避免不必要的损失。

因此，投资者应特别注意可转债是否包含上述几个条款，具体条款的实现条件如何。

3. 发行人的信用评级和基本面

发行人的信用评级和基本面是最重要的。可转债作为一种企业债，其信用比国债低，因此，投资者应关注可转债发行人的信用评估等级及担保人的经济实力。可转债的价格与正股价格有正向的联动性，而公司的基本面是股票价格的决定因素，因此，投资者应把握好上市公司的基本面。发行可转债的上市公司，最好有良好的业绩支撑，同时有较好的发展前景和业务拓展空间。

第 2 章

可转债的债券要素和特有要素

通过可转债的债券要素和特有要素，投资者即可深入了解可转债，而且对投资可转债有很重要的指导作用。

本章主要内容包括：

➤ 债券面值、期限与票面利率

➤ 到期赎回和信用评级

➤ 可转债回售

➤ 转股价格和转股价值

➤ 转股溢价率

➤ 有条件赎回条款

➤ 下修可转债价格的原因、条件和限制

➤ 下修可转债价格的步骤和优缺点

2.1 可转债的债券要素

可转债的债券要素主要包括债券面值、期限、票面利率、到期赎回、信用评级、回信等，具体讲解如下。

2.1.1 债券面值、期限与票面利率

下面介绍可转债的债券面值、期限与票面利率。

1. 债券面值

我国可转债的债券面值是100元，最小交易单位是1 000元。特一转债（128025）的债券面值如图2.1所示。

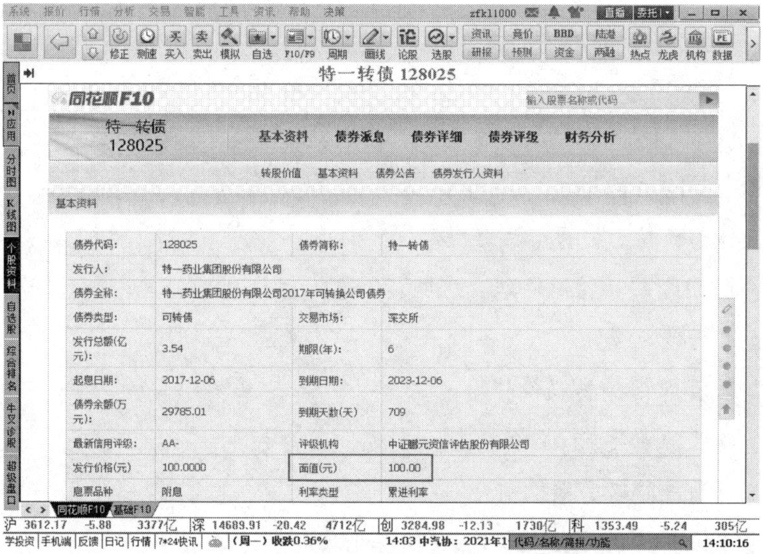

图2.1　特一转债（128025）的债券面值

2. 债券期限

可转债的债券期限有两个,分别是有效期限和转换期限。

可转债的有效期限,与普通债券相同,是指可转债从发行之日起至清偿本息之日(摘牌日期)止的存续期间。可转债的有效期限一般为6年。特一转债(128025)的有效期限如图2.2所示。

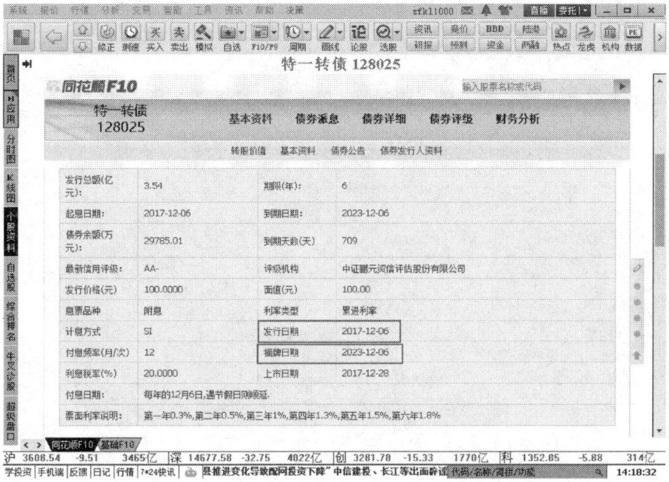

图2.2　特一转债(128025)的有效期限

由图2.2可以看到,特一转债(128025)的发行日期为2017年12月6日,摘牌日期为2023年12月6日,有效期限为6年。

> 提醒: 发生日期就是起息日期,摘牌日期就是到期日期。

可转债的转换期限,是指可转债转换为普通股票的起始日至结束日的期间。大多数情况下,发行人都规定一个特定的转换期限,在该期限内,允许可转债的持有人按转换比例或转换价格转换成发行人的股票。《上市公司证券发行管理办法》规定,可转债的期限最短为1年,最长为6年,自发行结束之日起6个月方可转换为公司股票。

可转债的转换期可以与债券的期限相同,也可以短于债券的期限。转换期间的设定通常有四种情形:债券发行日至到期日、发行日至到期前、发行后某日至到期日、发行后某日至到期前。至于选择哪种，要看上市公司的资本使用状况、项目情况、投资者要求等。

特一转债（128025）的转换期限如图2.3所示。

特一转债 128025

图2.3　特一转债（128025）的转换期限

由图2.3可以看到，特一转债（128025）的上市日期为2017年12月28日，即可转债上市的日期，也是可以开始在二级市场T+0交易的日期。特一转债（128025）的转股起始日期为2018年6月12日，即可以把可转债转换成股票的日期。转股起始日期与上市日期之间相差6个月。

3. 票面利率

可转债的票面利率，是指可转债作为一种债券时的票面利率（或优先股股息率），发行人根据当前市场利率水平、公司债券资信等级和发行条款确定。可转债的票面利率一般会低于普通债券的票面利率，有时甚至还低于同期银行存款利率。因为在可转债的投资收益中，除了债券的利息收益外，还附加了股票买入期权的收益部分。大多数情况下，一个设计合理的可转债其股票买入期权的收益是以弥补债券利息收益的差额。

可转债的票面利率一般是累计利率，例如，第一年0.2%，第二年0.4%，第三年0.6%，第四年0.8%，第五年1.6%，第六年2%。可转债应半年或1年付息1次，到期后5个工作日内应偿还未转股债券的本金及最后1期利息。

特一转债（128025）的票面利率信息如图2.4所示。

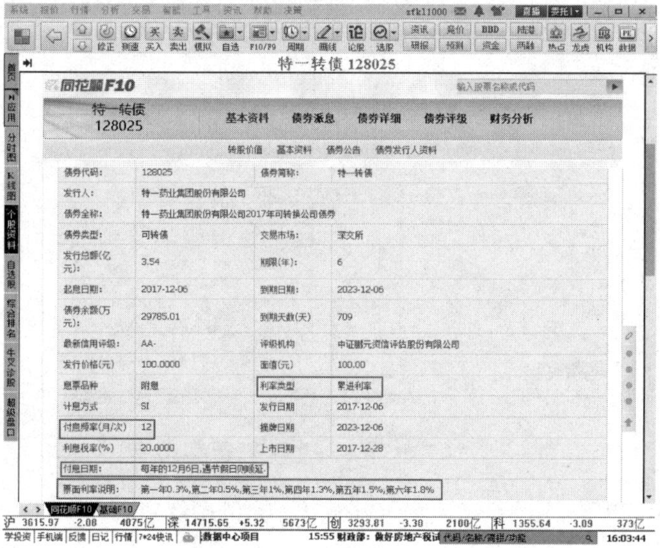

图2.4　特一转债（128025）的票面利率信息

由图2.4可以看到，利率类型为累进利率，即第一年0.3%，第二年0.5%，第三年1%，第四年1.3%，第五年1.5%，第六年1.8%。

付息频率（月/次）为12，即12个月付1次利息，就是1年付息1次。

付息日期：每年的12月6日，遇节假日则顺延。

2.1.2　到期赎回

可转债的到期赎回，是指投资者买入可转债后，一直持有到存续期结束，正常退市为止。

在正股设有因各种原因退市的情况下，到期赎回是投资者最后的收益保障。下面介绍特一转债（128025）的到期赎回，如图2.5所示。

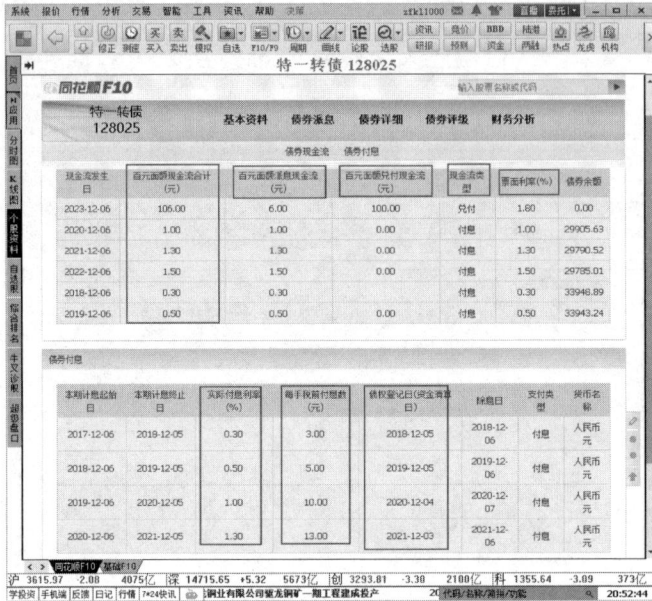

图2.5　特一转债（128025）的到期赎回

由图2.5可以看到，特一转债（128025）的付息信息具体如下：

2017年12月6日该可转债发行，到2018年12月5日，每1 000元付息3元，如果10万元成本，则利息为300元。

2018年12月6日到2019年12月5日，每1 000元付息5元，如果10万元成本，则利息为500元。

2019年12月6日到2020年12月5日，每1 000元付息10元，如果10万元成本，则利息为1 000元。

2020年12月6日到2021年12月5日，每1 000元付息13元，如果10万元成本，则利息为1 300元。

通过债券现金流，可以看到如下信息：

2021年12月6日到2022年12月5日，每1 000元付息15元，如果10万元成本，则利息为1 500元。

2022年12月6日到2023年12月6日，特一转债（128025）到期即可兑付，每1 000元付息18元，如果10万元成本，则利息为1 800元。需要注意的是，可转债到期后就会返还本金。

如果10万元成本，到期赎回的本金为10万元，利息为300+500+1 000+1 300+1 500+1 800=6 400（元）。

2.1.3　信用评级

信用评级是指对债券发行单位的信用、历史和偿还能力所进行的综合评价。当前，上市公司的可转债的信用评级分为ＡＡＡ、ＡＡ+、ＡＡ、ＡＡ−、Ａ+，由评级机构根据公司实际情况做出相应的评级。一般来讲，评级越高，表明公司实力越强，违约风险越低。下面介绍各信用评级的意义。

ＡＡＡ级：表示偿还债务的能力极强，基本不受不利的国内外经济环境影响，违约风险极低。

ＡＡ级：一般包含ＡＡ+、ＡＡ、ＡＡ−，表示偿还债务的能力很强，受不利的国内外经济环境影响，违约风险很低。

Ａ级：主要是Ａ+，表示偿还债务的能力较强，易受不利的国内外经济环境影响，违约风险较低。

特一转债（128025）2017—2021年的信用评级信息如图2.6所示。

图2.6 特一转债（128025）2017—2021的信用评级信息

可转债信用评级的分析方法主要有三种：分别是股本扩张能力、综合转股能力、回售保障能力，如图2.7所示。

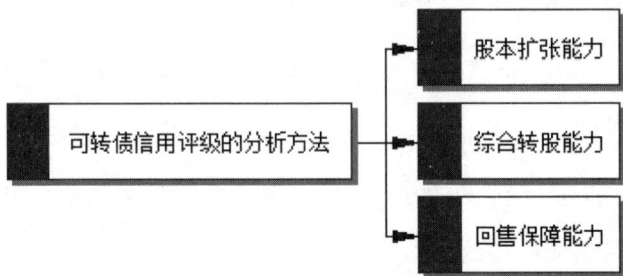

图2.7 可转债信用评级的分析方法

1. 股本扩张能力

股本扩张能力，主要分析上市公司的净利润和市盈率吸收债券转股的能力。评级中使用的工具是股本扩张倍数。在股价不变的前提下，股本扩张倍数等于利润扩张倍数与市盈率扩张倍数的乘积。利润扩张倍数和市盈率扩张倍数越大，上市公司的股本扩张能力就越强，吸收债券转股的能力就越强，债券就越有可能转成股票，从而清偿债务。

2. 综合转股能力

综合转股能力，主要是从有关条款规定出发，考察可转债的性质是更接近于股票，还是更接近于债券。评级中将转股能力分为较强、一般、较弱三个档次，用于分析可转债。

3. 回售保障能力

可转债对上市公司未来现金流量的影响，主要体现在回售条款对现金流量的影响。通过对有条件回售、无条件回售、回售准备率、回售保障系数等进行分析，建立与可转债密切相关的评级方法。

2.1.4　可转债回售

可转债回售是给投资者提供的一项安全性保障，是上市公司发行可转债时的一个附加条款。

当可转债的转换价值远远低于可转债面值时，投资者一定不会执行转换权。这时投资者可根据一定的条件要求发行上市公司以面额加计利息补偿金的价格收回可转债。

可转债回售，在一定程度上保护了投资者的利益，是投资者向发行上市公司转移风险的一种方式。可转债回售实质上是一种卖权，是赋予投资者的一种权利，投资者可根据二级市场的变化而选择是否行使这种权利。

可转债回售包括三个要素，分别是回售条件、回售时间、回售价格，如图2.8所示。

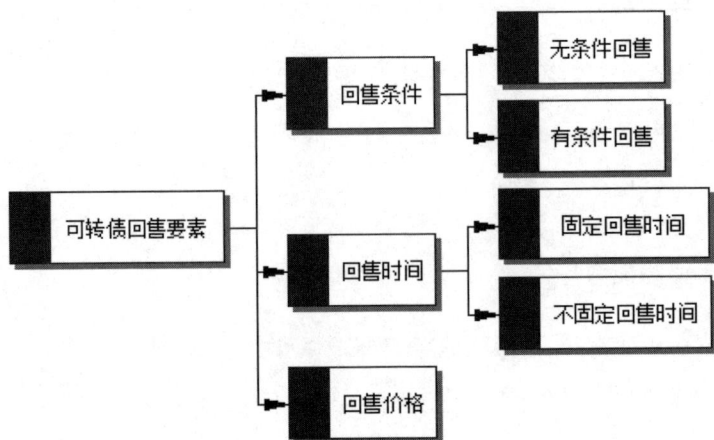

图2.8　可转债回售要素

1. 回售条件

可转债的回售条件分为两种：分别是无条件回售和有条件回售。

无条件回售是指没有特别指定原因的回售。

有条件回售是指上市公司股价在一段时期内连续低于转股价格，并达到某一幅度时，可转债投资者按事先约定的价格将所持有的债券卖给发行人。

> 提醒：如果股价下跌幅度不能满足回售条件，投资者的利益也很难得到保障。

一般情况下，当正股价格在较长时间内没有良好的表现，转股不能实现，可转债投资者有权按照指定的收益率将所持债券卖给发行人，由于收益率一般远高于可转债的票面利率，因此，投资者的利益就能得到很好的保护。

2. 回售时间

可转债的回售时间也分为两种：分别是固定回售时间和不固定回售时间。

固定回售时间，主要针对无条件回售，一般定在可转债偿还期的1/3或

1/2。注意，可转债也可以在快到期时回售。

不固定回售时间，主要针对有条件回售，即股价满足回售条件时。

3. 回售价格

可转债的回售价格是通过事先约定的，一般比市场利率略低，但会高于可转债的票面利率。这样，持有可转债的投资者利益就会得到有效保护，从而降低了可转债的投资风险。所以，附有回售条款的可转债更受投资者欢迎。

2.2　可转债的特有要素

2.1节讲解了可转债的债券要素，本节讲解可转债的特有要素，即可转债的股票要素。

2.2.1　转股价格

可转债的转股价格，就是当可转债转换成上市公司的股票时，可以按什么样的价格和比例进行转换。例如，某上市公司的可转债每手的价格为1 000元，转股价格为20元，这样1 000元1手的可转债就可以转换成相应上市公司的股票50股。

需要注意的是，可转债的转股价格，对投资者来说是固定的，上市公司在募集债券说明书中就会确定下来。根据国际惯例，先计算这家上市公司募集债券说明书公布日之前二十个或三十个交易日的平均收盘价格，然后在这个价格的基础上上浮一定幅度，这个上浮的幅度一般在10%以内。

特一转债（128025）的转股价格如图2.9所示。

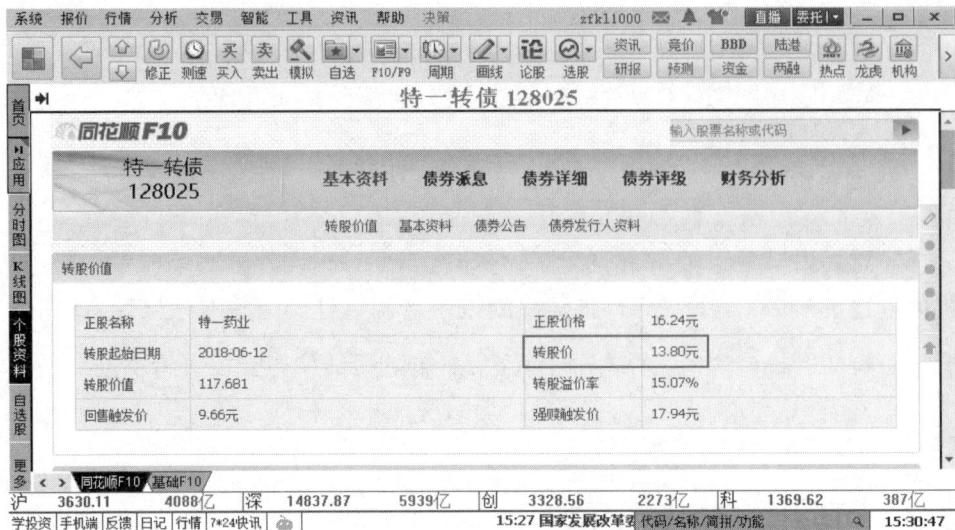

图2.9 特一转债（128025）的转股价格

可转债的转股价格会变吗？

可转债的转股价格是可以改变的，但并非上市公司想改变就可以改变。当有以下情况时，可转债的转股价格才会发生改变：

第一，上市公司因送红股、转增股本、增发新股或配股、派息等情况（不包括因可转债转股增加的股本）使公司股份发生变化时，转股价格可以修正。

第二，触发募集说明书约定的转股价向下修正条款时，转股价格会修正。一般情况下，当上市公司股票在任意连续二十个交易日中有十个交易日的收盘价低于当期转股价格的90%时，上市公司有权提出转股价格向下修正方案。

下面介绍特一转债（128025）的转换价格改变。在债券公告中，可以看到"特一药业：关于可转债转股价格调整的公告"，如图2.10所示。

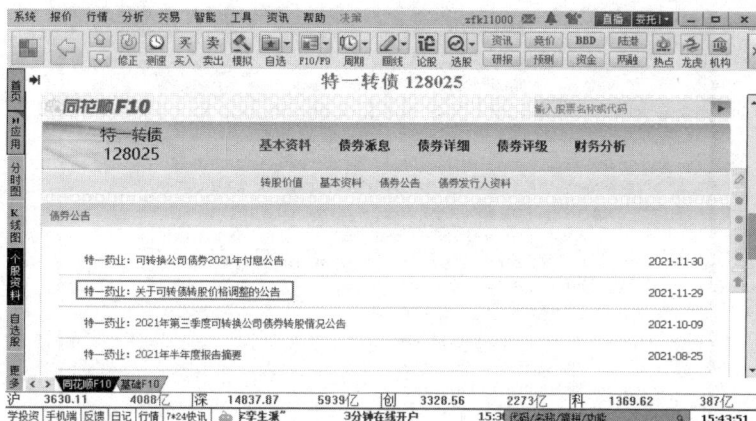

图2.10　债券公告

单击"特一药业：关于可转债转股价格调整的公告"，即可打开该文件，如图2.11所示。

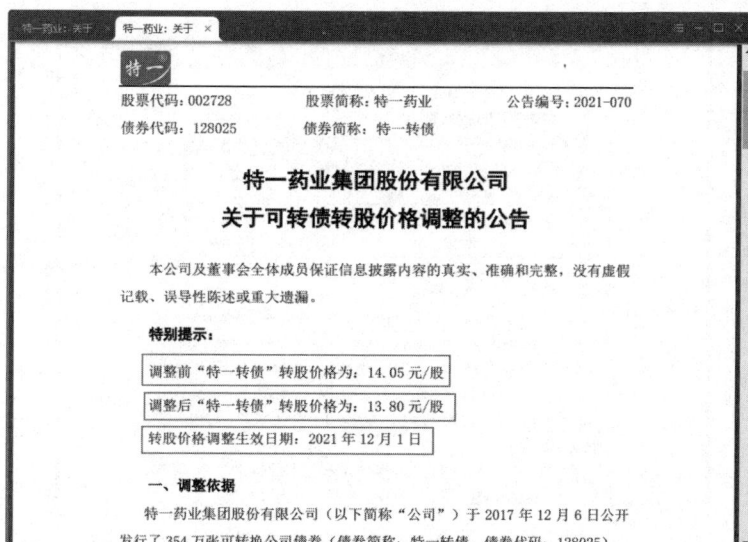

图2.11　转股价格特别提示

由图2.11可以看到调整前转股价格为14.05元/股，调整后转股价格为13.80元/股，转股价格调整生效日期为2021年12月1日。

向下拖动垂直滚动条，即可看到转股价格的调整依据，如图2.12所示。

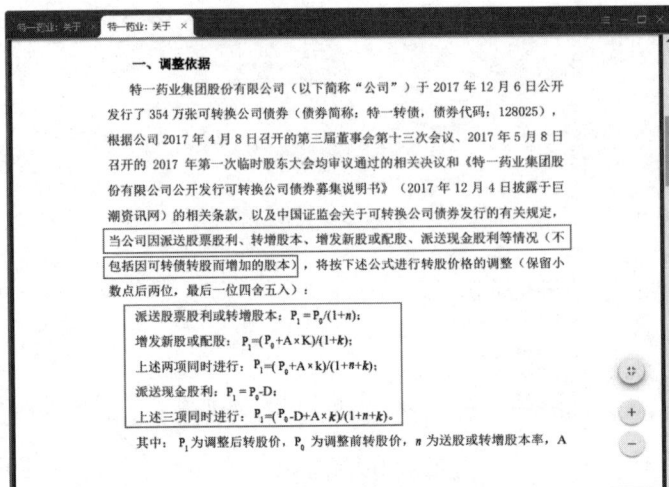

图2.12　转股价格的调整依据

向下拖动垂直滚动条，即可看到转股价格的调整情况，如图2.13所示。

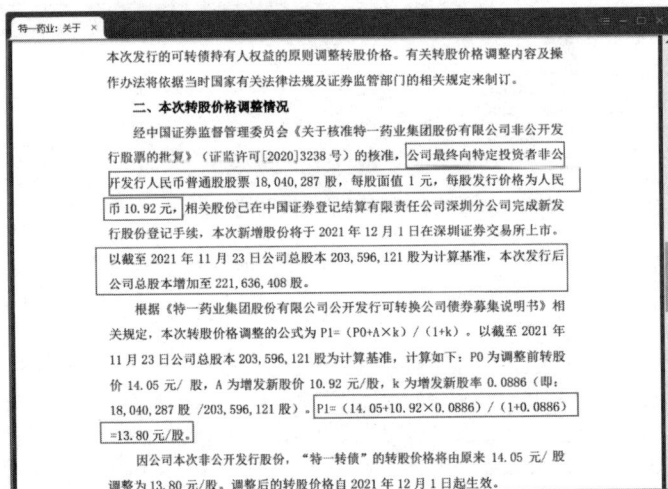

图2.13　转股价格的调整情况

2.2.2　转股价值

可转债的转股价值，就是把可转债转换成股票后的价值。

可转债在上市半年后可以转换成上市公司的股票。可转债发行时，可转债的面值是固定的（100元），转股价格也是固定的（根据当时公司股票价格），一张可转债能换多少股票也是固定的（如果转股价是10元，那就换10股）。

可转债上市以后，转股价值就由正股价格，也就是公司股票的价格决定，如果现在股价涨到20元一股，那么可转债的转股价值就涨到200元（10股价值200元），如果股价跌到8元，那么转股价值就是80元（10股价值80元）。

转股价值的公式具体如下：

转股价值=可转债的面值÷转股价格×正股价格

南航转债（110075）的转股价值，如图2.14所示。

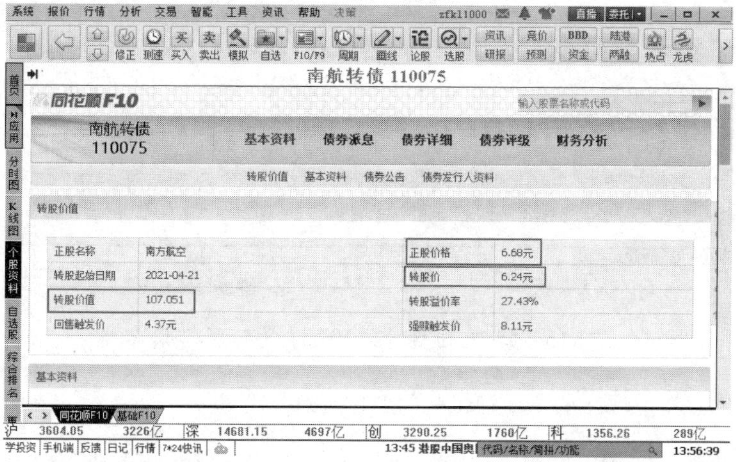

图2.14 南航转债（110075）的转股价值

由图2.14可以看到，南航转债（110075）的正股价格为6.68元，转股价格为6.24元，转股价值为107.051元。

利用转股价值的公式计算南航转债（110075）的转股价值：

南航转债（110075）的转股价值=100÷6.24×6.68≈107.051（元）

需要注意的是，正股价格就是股票市场中的股价，天天在变化，所以，转股价值也会天天变化。

> 提醒：当正股价格大于转股价格时，可转债转股相当于打折买股票，反之则相当于多花钱买股票。

2.2.3 转股溢价率

可转债的转股溢价率，是可转债价格相对于转换价值的溢价程度，其计算公式如下：

可转债的转股溢价率=可转债的现价÷转股价值×100%-100%

南航转债（110075）的转股溢价率，如图2.15所示。

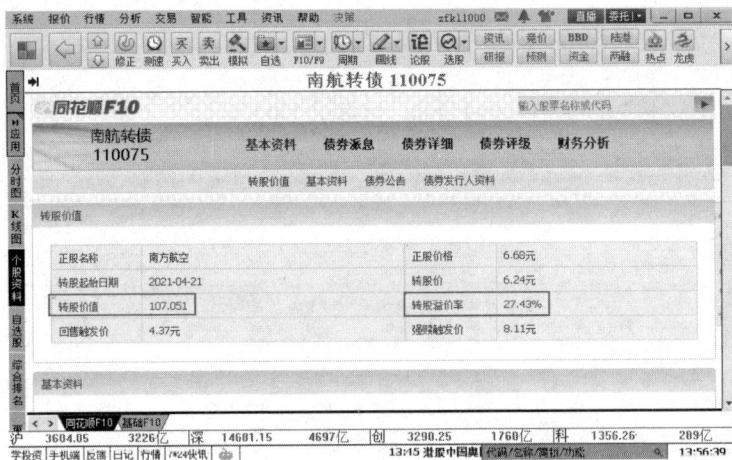

图2.15 南航转债（110075）的转股溢价率

由图2.15可以看到，南航转债（110075）的转股溢价率为27.43%。

对投资可转债的投资者来说，转股溢价率是一个相当重要的指标。如果可转债的现价大于其转股价值，就是溢价。下面介绍溢价情况下的投资技巧。

一般情况下，转股溢价率越小，可转债的进攻性越强。例如，某可转债的转股溢价率为1%，如果正股股价上涨10%，那么该可转债很可能也会上涨10%，甚至更多。

提醒：转股溢价率太高，可能由两个原因导致：一是上市公司股价下跌太多，距离转股价格太远，虽然此时可转债的价格并不是很高，甚至还有可能低于面值，但此时的转股溢价率依然会非常高，因为可转债体现出了债券属性，此时转股溢价率偏高并不异常；二是因为投资者的投机炒作，导致可转债价格升高，此时转股溢价率就会上升，体现的是可转债的炒作风险，投资者要注意可转债价格虚高的风险，此时买入可转债不仅不会有避险的可能，还会承担额外的可转债价值回归的风险。

一般情况下，转股溢价率越大，可转债的进攻性越差。例如，某可转债的转股溢价高达80%，这时当它的正股股价上涨10%，而该可转债的价格有可能不涨，主要原因可能是溢价太高。

如果可转债的现价小于其转股价值，就是折价。下面介绍折价情况下的投资技巧。

<blockquote>提醒：折价，其实就是溢价率为负。</blockquote>

如果出现转股溢价率是负的，即折价，投资者可以买入可转债，然后将可转债转换成股票并在二级市场中卖出，这就是套利，不过这种机会出现不多。

原因是：当套利的投资者多了，那只可转债的需求会增大。买的投资者多了，就会抬高可转债的价格，最终会使得套利空间消失，转股溢价率就会慢慢由负转正，即最终转股溢价率大于零。

2.2.4　有条件赎回条款

可转债的有条件赎回条款，是指在可转债转股期内，如果上市公司的股价连续三十个交易日中至少有十五个交易日的收盘价格不低于当期转股价格的130%（含130%）或当本次可转债未转股余额不足人民币3 000万元时，公司有权决定按照债券面值加当期应计利息的价格赎回全部或部分未转股的可转换公司债券。

所以，上市公司的转股价格的130%，就是强赎触发价。盛屯转债（110066）的强赎触发价，如图2.16所示。

由图2.16可以看到，盛屯转债（110066）的转股价格为4.87元，那么该可转债的强赎触发价的计算方法如下：

$$4.87 \times 130\% \approx 6.33（元）。$$

有条件赎回条款就是上市公司的股价已经远远高于约定转股价格，投资者已经赚很多了，那么就要快点儿把可转债转换成股票，否则上市公司有权低价赎回，一旦赎回，投资者最多只能赚取30%的利润。

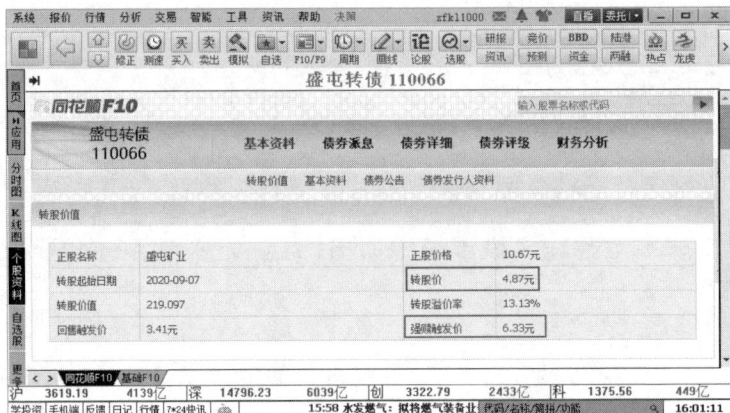

图2.16 盛屯转债（110066）的强赎触发价

需要注意的是，任意一个计息年度上市公司在赎回条件首次满足后可以进行赎回，首次不实施赎回的，该计息年度不应再行使赎回权。

下面具体看一下盛屯转债（110066）的有条件赎回条款，在债券公告中，可以看到"盛屯矿业：盛屯矿业集团股份有限公司关于'盛屯转债'可能满足赎回条件的提示性公告"，如图2.17所示。

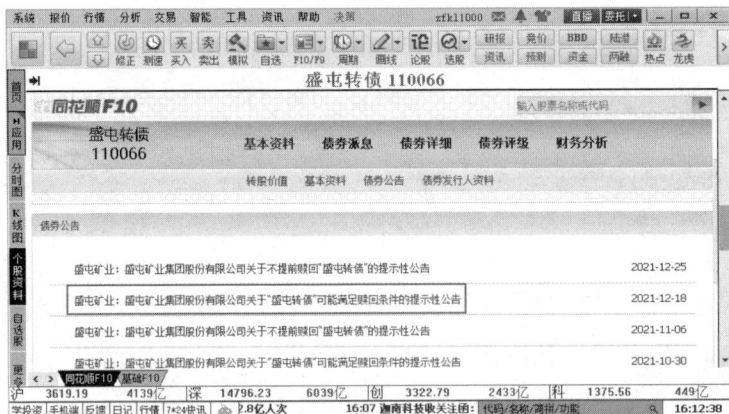

图2.17 盛屯矿业集团股份有限公司关于"盛屯转债"可能满足赎回
条件的提示性公告

单击"盛屯矿业：盛屯矿业集团股份有限公司关于'盛屯转债'可能满足赎回条件的提示性公告"，即可看到盛屯转债（110066）的有条件赎回条款，如图2.18所示。

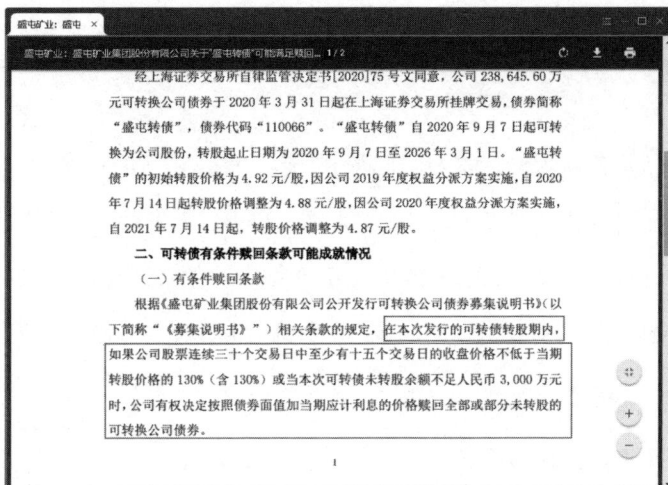

图2.18　盛屯转债（110066）的有条件赎回条款

如果可转债未转股余额不足人民币3 000万元，可转债发行人也可以强制赎回。下面看一下盛屯转债（110066）的未转股余额，如图2.19所示。

图2.19　盛屯转债（110066）的未转股余额

可转债有一个较好的操作策略，具体如下：

如果可转债的价格上涨不到130元，则不卖出；如果可转债的价格上涨到130元就可以逢高分批卖出，即逢高止盈。如果可转债的价格没涨到130元，持有至到期前一天卖出即可，保本收官。不预测，按计划执行交易策略。

2.2.5 下修条款

可转债的下修条款，全称为可转股的转股价格向下修正条款，是指上市公司发行人在既定条件下(如正股分红、派息、送股等)，拥有向下修正转股价的权利。另一种情况，上市公司股票在任意连续二十个交易日中至少十个交易日的收盘价低于当期转股价格85%，公司董事会也有权提出下修转股价格并提交公司股东大会表决。

下面举例讲解下修转股价格。

假如有一只可转债，刚上市时转股价格为20元。虽然该可转债的价格每天都在变化，但该可转债的面值是固定的，即100元。

利用100元面值除以转股价格，即可算出每张可转债可以换成多少股正股股票，即100÷20=5（股）。

如果可转股的转股价格向下修正，即转股价格由20元变成10元，这样每张可转债就可以换成10股正股股票，即100÷10=10（股）。

如果同一张可转债，由5股变成10股正股股票，是不是手中的可转债更值钱了呢?

所以，下修可转债价格可以瞬间提高投资者手中的可转债价格，对持有可转债的投资者是重大利好。

1. 下修可转债价格的原因

一般情况下，上市公司下修可转债价格的原因是为了更容易强赎。

强赎，意味着只要可转债对应的正股价格在一定期限内高于转股价格的30%，上市公司就有权把价格高于130元的可转债以100元多一点儿的价格收回。

投资者为了避免被强制赎回，最后就会把可转债转换成正股股票。这样被转换为正股股票的可转债份额就消失了，上市公司的这部分需要还钱的债券就变成不需要还钱的股票了。

例如，某可转债的转股价格为20元，其正股价格为24元，如果正股价格上涨到26元以上并保持一段时间，上市公司就可以强赎了。

但随后由于上市公司经营不好，正股股价跌到10元。这时上市公司如果修改可转债的转股价格为10元，这时正股股价只需上涨到13元，即可强赎。

2. 下修可转债价格的条件和限制

需要注意的是，上市公司并不是想下修转股价格就可以随便下修的，想要下修转股价必须满足一些条件。

下面看一下海澜转债（110045）的下修条件：当公司股票在任意连续三十个交易日中至少有十五个交易日的收盘价低于当期转股价格的85%时，如图2.20所示。

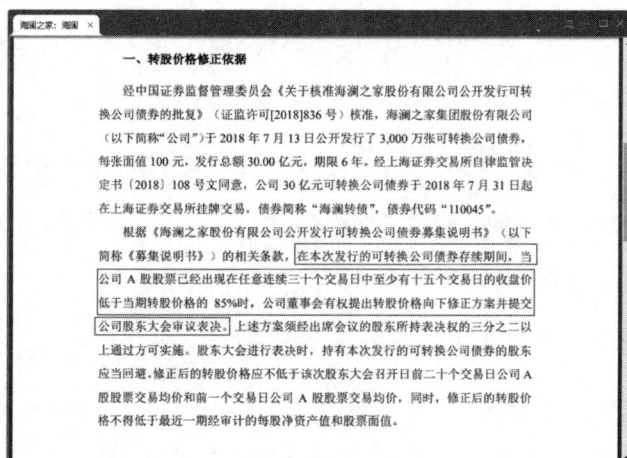

图2.20　海澜转债（110045）的下修条件

投资者需要明白的是，不同的上市公司下修的条件略有区别，比如多少个交易日，低于当期转股价的多少。有些条件宽松，有些条件严格。只有一点是确定的，那就是正股价格必须低于转股价格，并持续一段时间，才能提议下修转股价。然后，上市公司可以下修转股价到什么价格，也是有限制的，不能随心所欲下修。

例如，海澜转债（110045）的转股价下修之后的底线如下：

第一，转股价格应不低于股东大会召开日前二十个交易日公司股票交易均价。

第二，转股价格应不低于股东大会召开日前一个交易日公司股票交易均价。

第三，转股价格应不低于最近一期经审计的每股净资产值和股票面值。

第一、二点是指下修后的转股价格不能低于正股价格。第三点被称为破净下修，像海澜转债（110045）一样的大部分可转债不支持破净下修，但是少部分可转债，如广汇转债（110072）可以破净下修。通过这个可转债的上市公告书可知它是否可以破净下修。

3.下修可转债价格的步骤

下面以海澜转债（110045）为例来讲解下修可转债价格的步骤。

第一，海澜转债（110045）2021年4月8日宣布提议下修转股价格。这是第一步，董事会商议通过直接公告。

第二，在公告提议下修转股价格的同时，还会发一个临时股东大会的通知，这个临时股东会主要就是为了投票可转债下修的，海澜转债（110045）下修股东会定在2021年4月26日。

第三，股东会当天会进行对可转债下修的议案进行投票，如果出席会议的股东所持表决权的三分之二以上通过，就可以实施下修。需要注意的是，持有可转债的股东不能参与投票。

> 提醒：因为大股东持有股份数量多，投票权重大，所以，下修是否通过主要取决于大股东的意愿。

第四，还有一个比较重要的点，那就是转股价格会下修到什么价格。由于股东会是4月26日举行的，召开前二十个交易日的海澜之家（600398）的交易均价为7.298元，前一个交易日的海澜之家（600398）的交易均价为6.446元。注意：下修后的转股价格不能低于两者高的价格，也就是7.298元。最终海澜转债（110045）的下修转股价格为7.30元，如图2.21所示。

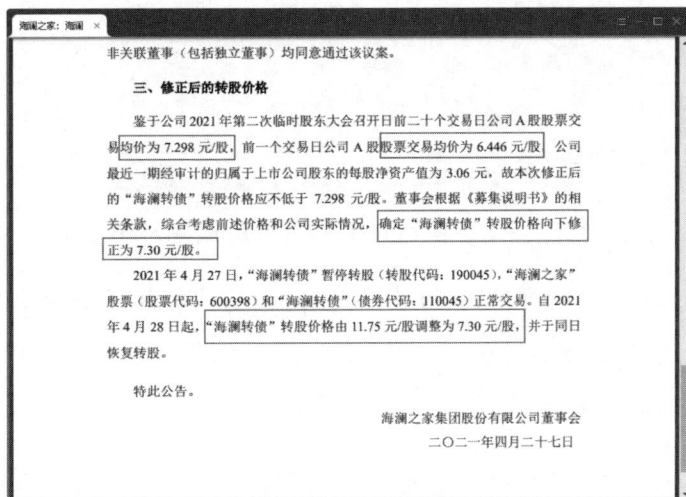

图2.21　海澜转债（110045）的下修转股价格为7.30元

4. 下修可转债价格的优缺点

由于绝大部分可转债，最终都会在强赎之前全部被转成正股，所以，发行可转债的实质就是增发股票，而增发的价格就是转股价格。

海澜转债（110045）发行时规模30亿元，转股价格为11.75元。如果海澜转债（110045）在不下修转股价格的情况下全部转股，那就相当于以11.75元的价格增发了2.55亿股（30÷11.75≈2.55）海澜之家（600398）。这也是当初大股东发行可转债的最初计划，如图2.22所示。

如果海澜转债（110045）下修转股价格为7.30元，未来海澜转债（110045）全部转股，相当于7.30元增发了4.11亿股（30÷7.30≈4.11）海澜之家（600398）。

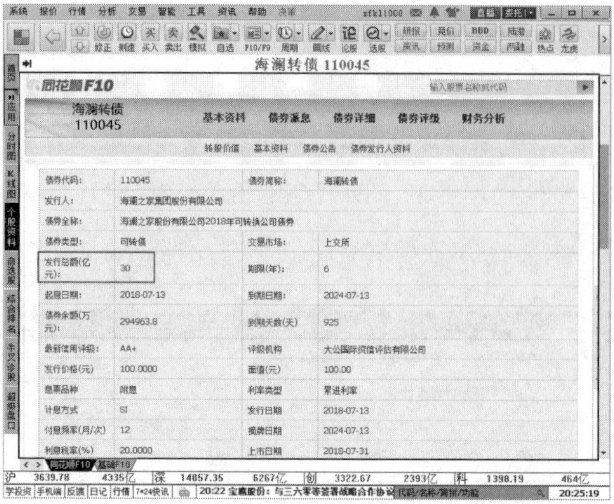

图2.22　海澜转债（110045）发行时规模为30亿元

这样，上市公司同样获得30亿元资金，没有下修可转债价格之前，增加2.55亿股本；而下修可转债价格之后，增加4.11亿股本，即下修可转债价格后，对原来的股本稀释更多。

所以，下修可转债价格对可转债持有者是有利的，但对于持有其正股股票的投资者，是一种明显的利空，因为上市公司的股权被更多地稀释了。

> 提醒：下修可转债价格是牺牲原有股东的部分利益，换取可转债价值的提高。

下修可转债价格，对原股票投资者是不公平的。出于公平和利益的考虑，这也是持有可转债的股东不能参与转股价格下修投票的原因。

从理论上来讲，上市公司大股东持有股票数量最多，如果有机会强赎，他们是不太愿意主动下修转股价格的。但是在到期还钱和稍微稀释股权中，很多上市公司大股东还是愿意选择后者。因为好不容易融到的钱，实在不想还回去。

为了自己持有的股权不被稀释，很多参与下修股东会的中小股东在会上都是投反对票的，但是他们持有股票数量少、权重低，反对也无效。

> 提醒：很多可转债跌到100元左右就会拒绝跟随正股继续下跌，一方面是因为下有债券收益率保底；另一方面也有下修转股价的预期。下修转股价是可转债多种迷人的特性之一，也正是因为这些特性，可转债才被认为是一个非常好的投资品种。

第 3 章

可转债价值的评估

可转债是一种混合型金融衍生品，投资者可以把它看作上市公司债券与上市公司股票的组合体。这个组合体也是矛盾体，"盾"的部分是"债券"，到期能还本付息；"矛"的部分是"股票"，收益不封顶。

本章主要内容包括：

➤ 可转债的纯债价值的定义

➤ 可转债的纯债价值的计算公式

➤ 不同可转债的纯债价值是不同的

➤ 纯债价值就是可转债的保底

➤ 查看可转债的纯债价值

➤ 纯债溢价率

➤ 期权和看涨期权

➤ 看涨期权的价值

➤ 可转债的看涨期权价值

➤ 可转债的理论价值

3.1 初识可转债价值

可转债价值虽受多个方面因素的影响，但其价值主要在于债券本身价值和公司股票看涨期权价值，如图3.1所示。

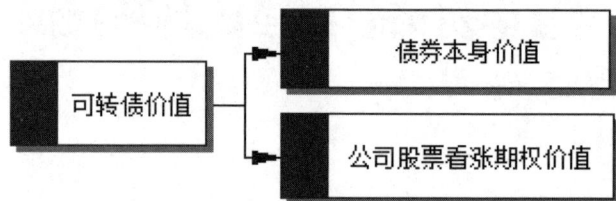

图3.1 可转债价值

1. 债券本身价值

债券本身价值是可转债的保底收益，取决于票面利率和市场利率的对比，以及债券面值。由于可转债利息收入既定，因此，可采用现金流贴现法来确定债券本身价值，其估值的关键是贴现率的确定。

2. 公司股票看涨期权价值

公司股票看涨期权价值，投资者可在正股股价上涨到一定价格时转换成正股股票，体现为可转债的转股收益。该价值取决于转股价格和正股股价的对比，以及该上市公司未来的盈利能力和发展前景。

公司股票看涨期权价值一般采用二叉树定价法，即首先以发行日为基点，模拟转股起始日正股股票的可能价格及其概率，然后确定在各种可能价格下的期权价值，最后计算期权价值的期望值并进行贴现求得。

另外,可转债的投资价值还受其转换期限、赎回条件、回售条件及转股价格向下修正条款等的影响。

需要注意的是,债券本身价值和公司股票看涨期权价值的基础是上市公司的基本面。上市公司所属行业、财务结构的稳健性、经营业绩、经营效率等基本面因素不仅决定了可转债的偿付风险、可转债正股股价的成长性,并且对研究判断可转债条款设计中某些增加期权价值条款的"虚实"也相当关键。

3.2　从纯债角度分析可转债价值

可转债首先是一张债券,下面从纯债角度分析可转债价值。

3.2.1　什么是纯债价值

可转债的纯债价值,就是不考虑可转债的看涨期权属性,只把它作为公司债去定义,价值是多少。可转债的纯债价值就是所谓的债底。

很多投资者也许会说,可转债的面值是100元,那么其纯债价值不就是100元吗? 这个回答是不正确的。原因是可转债的利息比同评级的普通企业债券利息低。下面举例说明。

信用评级为ＡＡ的海亮转债(128081)的利率,如图3.2所示。

由图3.2可以看到,海亮转债(128081)的票面利率为第一年0.3%、第二年0.6%、第三年1%、第四年1.5%、第五年1.8%、第六年2%。

下面再看一下同评级的普通企业债券的利率。信用评级为ＡＡ的PR河套债(122679)的利率,如图3.3所示。

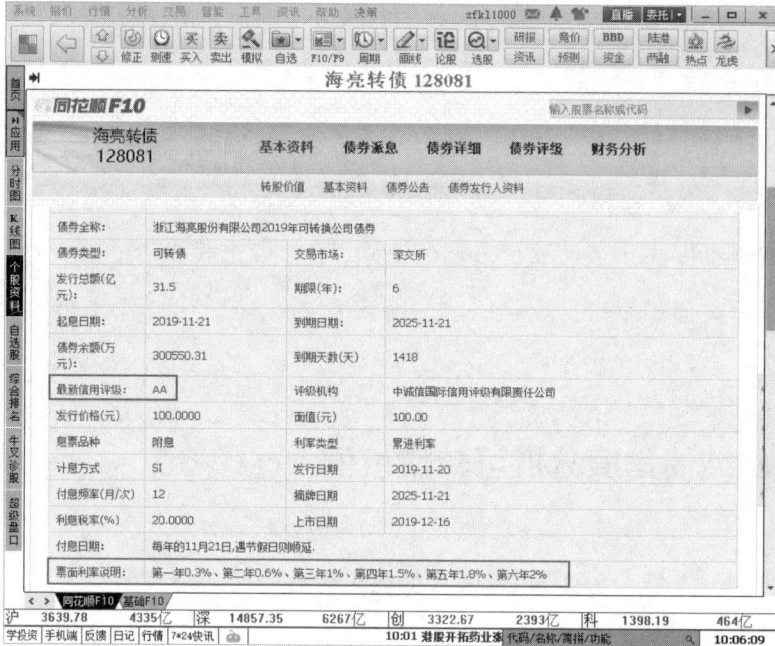

图3.2　信用评级为AA的海亮转债（128081）的利率

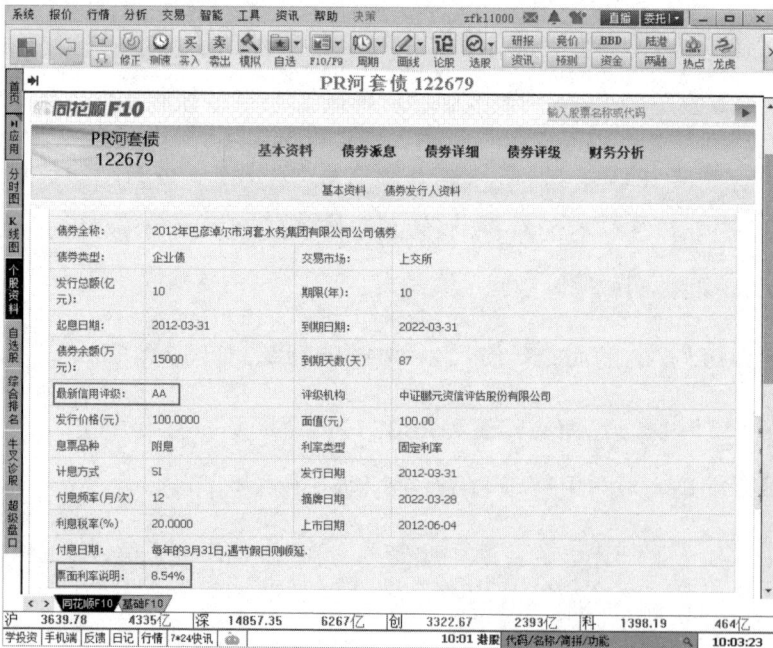

图3.3　用评级为AA的PR河套债（122679）的利率

由图3.3可以看到，PR河套债（122679）的票面利率，每年都为8.54%，远远高于可转债利率。

所以，按照普通企业债券的面值100作为基准，那么可转债的纯债价值肯定比100低。

3.2.2　纯债价值的计算公式

我们都知道，6年前的100元比现在的100元值钱。原因在于把100元钱存到银行或买入理财产品，会得到相应的利息收入。所以要计算纯债价值，就要折价，按比率算就是折价率。

折价率可以是定期存款的利率，也可以是理财产品的年收益率。下面举例计算。

海亮转债（128081）的票面利率为第一年0.3%、第二年0.6%、第三年1%、第四年1.5%、第五年1.8%、第六年2%。

折价率按4%计算，算一下海亮转债（128081）的纯债价值。

$$100×0.3\%÷(1+4\%)+100×0.6\%÷(1+4\%)^2+100×1.0\%÷(1+4\%)^3+100×1.5\%÷(1+4\%)4+100×1.8\%÷(1+4\%)5+100×102\%÷(1+4\%)^6=0.288+0.555+0.889+1.282+1.479+80.612=85.105（元）$$

3.2.3　不同可转债的纯债价值是不同的

由于不同可转债的票面利率不同、信用评级不同、离到期日的剩余时间不同，所以，不同的可转债的纯债价值也是不同的。

1. 可转债的票面利率不同

ＡＡ-信用评级的博瑞转债(118004)的票面利率，即第一年0.4%，第二年

0.6%，第三年1%，第四年1.5%，第五年2.5%，第六年3%，如图3.4所示。

图3.4 AA-信用评级的博瑞转债(118004)的票面利率

AA-信用评级的佩蒂转债(123133)的票面利率，即第一年0.4%，第二年0.6%，第三年1%，第四年1.5%，第五年2%，第六年2.5%，如图3.5所示。

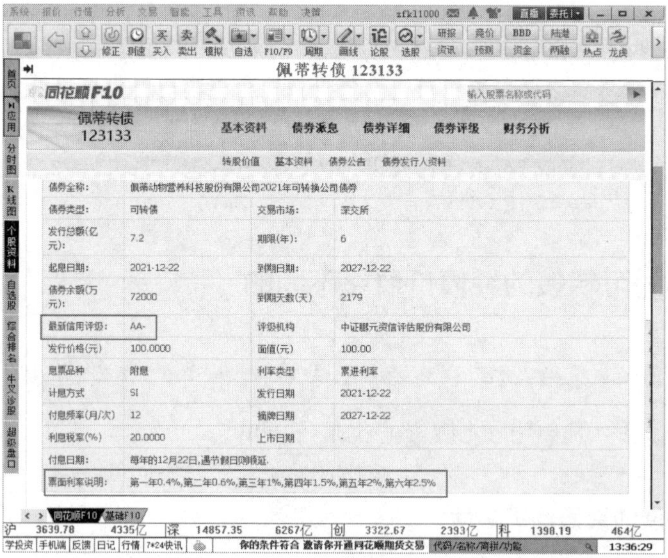

图3.5 AA-信用评级的佩蒂转债(123133)的票面利率

由图3.4和图3.5可以看到，博瑞转债（118004）和佩蒂转债（123133）的信用评级都为ＡＡ–，但它们的票面利率却不完全相同。前4年，两个可转债的票面利率相同，但最后两年，博瑞转债（118004）的票面利率高于佩蒂转债（123133）的票面利率。这样，博瑞转债（118004）的纯债价值就高于佩蒂转债（123133）的纯债价值。

2. 信用评级不同

一般情况下，可转债的信用评级越高，违约风险越低，信用评级越高的可转债要付出的利息越低。所以，如果两只可转债的票面利率相同，信息评级越高的债券的纯债价值越高。

3. 离到期日的剩余时间不同

一般来说，可转债离到期日越近，票面利率越高。谈到可转债的纯债价值，就不能不提到票面利率，下面具体讲解票面利率。

顾名思义，上市公司向市场借钱，因借贷关系，需向债券持有人支付利息，这个利息就是可转债的票面利率。可转债的票面利率相对较低，在可转债存续期间，利息需要每年支付一次。

可转债的利率由发行公司与主承销商协商确定，但必须符合国家的有关规定，利率定得低，虽然有利于降低融资成本，但是也会降低可转债的纯债价值。在正股基本面及信用评级不是很好的情况下，可转债的机构申购量就会减少，发行难度会增大。

如果票面利率定得高，虽有利于确保发行成功，但企业融资成本也会相应提高。在实际操作中可以看到国企及银行的可转债利率较低，民营及对资金需要比较强的公司可转债票面利率会定得比较高。

3.2.4　纯债价值就是可转债的保底

一般情况下，可转债的价格是可以跌破100元的面值，但很难跌破其纯债价值，具体原因如下：

可转债可视为普通债券+看涨期权。如果可转债跌破纯债价值，就相当于二级市场白白送给投资者看涨期权，并且还倒贴钱给投资者。

当然如果整个二级市场行情极度悲观，即长期熊市行情，可转债也有可能跌破纯债价值。

3.2.5　查看可转债的纯债价值

打开同花顺软件，点击选项菜单栏中的“行情/债券/可转债”选项，即可看到可转债的报价信息，如图3.6所示。

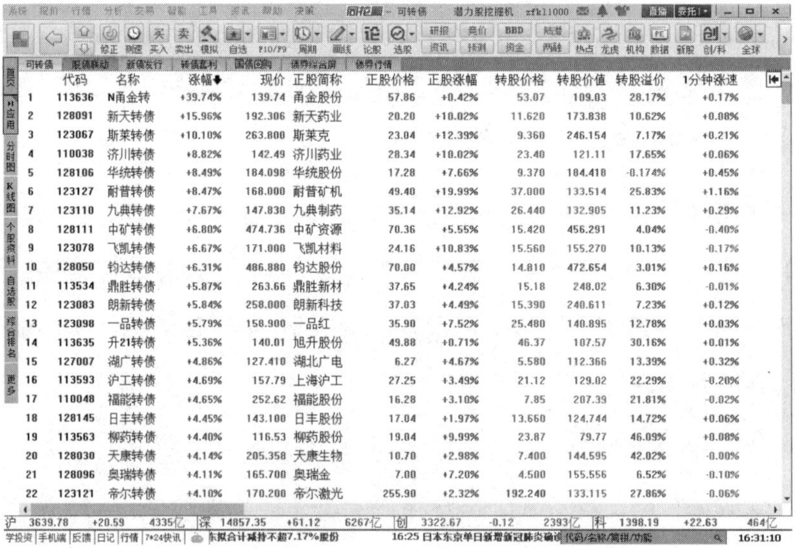

	代码	名称	涨幅	现价	正股简称	正股价格	正股涨幅	转股价格	转股价值	转股溢价	1分钟涨速
1	113636	N甬金转	+39.74%	139.74	甬金股份	57.86	+0.42%	53.07	109.03	28.17%	+0.17%
2	128091	新天转债	+15.96%	192.306	新天药业	20.20	+10.02%	11.620	173.838	10.62%	+0.08%
3	123067	斯莱转债	+10.10%	263.800	斯莱克	23.04	+12.39%	9.360	246.154	7.17%	+0.21%
4	110038	济川转债	+8.82%	142.49	济川药业	28.34	+10.02%	23.40	121.11	17.65%	+0.06%
5	128106	华统转债	+8.49%	184.098	华统股份	17.28	+7.66%	9.370	184.418	-0.174%	+0.45%
6	123127	耐普转债	+8.47%	168.000	耐普矿机	49.40	+19.99%	37.000	133.514	25.83%	+1.16%
7	123110	九典转债	+7.67%	147.830	九典制药	35.14	+12.92%	26.440	132.905	11.23%	+0.29%
8	128111	中矿转债	+6.80%	474.736	中矿资源	70.36	+5.55%	15.420	456.291	4.04%	-0.40%
9	123078	飞凯转债	+6.67%	171.000	飞凯材料	24.16	+10.83%	15.560	155.270	10.13%	-0.17%
10	128050	钧达转债	+6.31%	486.880	钧达股份	70.00	+4.57%	14.810	472.654	3.01%	+0.16%
11	113534	鼎胜转债	+5.87%	263.66	鼎胜新材	37.65	+4.24%	15.18	248.02	6.30%	-0.01%
12	123083	朗新转债	+5.84%	258.000	朗新科技	37.03	+4.49%	15.390	240.611	7.23%	+0.12%
13	123098	一品转债	+5.79%	158.900	一品红	35.90	+7.52%	25.480	140.895	12.78%	+0.03%
14	113635	升21转债	+5.36%	140.01	旭升股份	49.88	+0.71%	46.37	107.57	30.16%	+0.01%
15	127007	湖广转债	+4.86%	127.410	湖北广电	6.27	+4.67%	5.580	112.366	13.39%	+0.32%
16	113593	沪工转债	+4.69%	157.79	上海沪工	27.25	+3.49%	21.12	129.02	22.29%	-0.20%
17	110048	福能转债	+4.65%	252.62	福能股份	16.28	+3.10%	7.85	207.39	21.81%	-0.02%
18	128145	日丰转债	+4.45%	143.100	日丰股份	17.04	+1.97%	13.660	124.744	14.72%	+0.06%
19	113563	柳药转债	+4.40%	116.53	柳药股份	19.04	+9.99%	23.87	79.77	46.09%	+0.08%
20	128030	天康转债	+4.14%	205.358	天康生物	10.70	+2.98%	7.400	144.595	42.02%	-0.00%
21	128096	奥瑞转债	+4.11%	165.700	奥瑞金	7.00	+7.20%	4.500	155.556	6.52%	-0.10%
22	123121	帝尔转债	+4.10%	170.200	帝尔激光	255.90	+2.32%	192.240	133.115	27.86%	-0.06%

图3.6　可转债的报价信息

单击水平滚动条右侧按钮，向右滚动报价信息，即可看到可转债的纯债价值，如图3.7所示。

图3.7　可转债的纯债价值

在分时图走势中，可以查看该可转债的
纯债价值。一品转债（123098）的纯债价值为
90.266元，如图3.8所示。

> 提醒：在可转债的日K线图中，也可看到可转债的纯债价值。

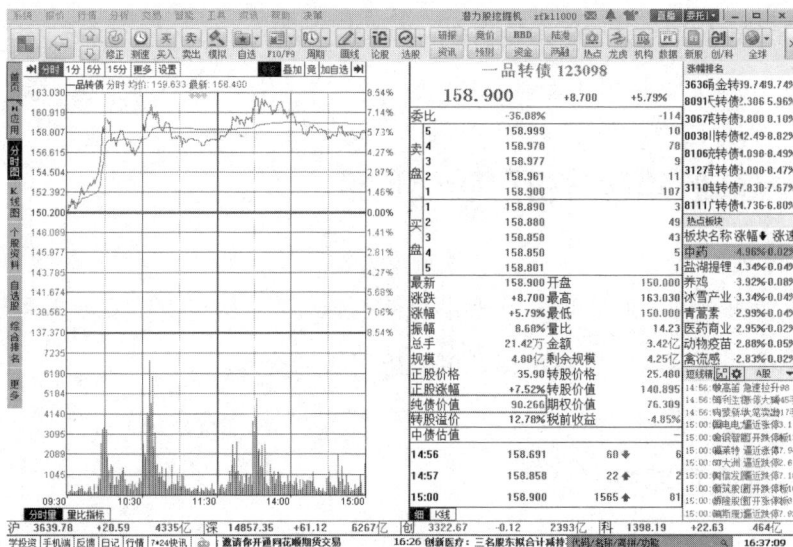

图3.8　一品转债（123098）的纯债价值为90.266元

3.2.6　纯债溢价率

可转债的纯债溢价率，是指可转债的价格相对其纯债价值的溢价程度，其计算公式如下：

纯债溢价率=（可转债市价-纯债价值）÷纯债价值×100%

例如，一品转债（123098）的价格为158.90元，其纯债价值为90.266，那么纯债溢价率=（158.90-90.266）÷90.266×100%≈76.035%。

一般来讲，纯债溢价率越大，表明可转债的价格超过其作为纯债券的价值，其蕴含的转股价值也就越大，说明投资者转股意愿较强，股性较强，债性较弱。纯债溢价率越小，则可转债的价格主要体现为其作为债券的价值，此时债性较强，股性较弱。

需要注意的是，纯债溢价率与转股溢价率存在一高一低的"跷跷板"效应，两者不太可能同时处于高位或低位。当两个溢价率处在不高不低的中等水平时，转债也处于债股混合状态，哪一种性质占优取决于未来股价的预期。股价预期上涨，偏股性；股价预期下跌，偏债性。

3.3　从转股角度分析可转债价值

3.2节讲解了从纯债角度分析可转债价值，本节从转股角度分析可转债价值，即从公司股票看涨期权价值角度分析可转债价值。

3.3.1　什么是期权

期权又称为选择权，是一种衍生性金融工具，是指在未来一定时期可以买卖的权利，是买方向卖方支付一定数量的金额（指权利金）后拥有的在未来一段时间内或未来某一特定日期以事先规定好的价格（指执行价格）向卖方购买或出售一定数量的特定标的物的权利，但不负有必须买进或卖出的义务。

从其本质上讲，期权实质上是在金融领域中将权利进行定价，使得权利的受让人在规定时间内对于是否进行交易，行使其权利，而义务方必须履行。在期权交易时，购买期权的一方称作买方，而出售期权的一方称作卖方；买方是权利的受让人，而卖方则是必须履行买方行使权利的义务人。

3.3.2　什么是看涨期权

看涨期权是指在协议规定的有效期内，投资者具有按规定的价格和数量购进股票的权利。期权购买者购进这种买进期权，是因为他对股票价格看涨，将来可获利。

购进期权后，当股票市价高于协议价格加期权费用之和时，期权购买者可按协议规定的价格和数量购买股票，然后按市价卖出，或转让买进期权，获取利润。

当股票价格在协议价格加期权费用之和之间波动时，期权购买者会受到一定的损失；当股票市价低于协议价格时，期权购买者的期权费用将全部消失，并放弃买进期权。因此，期权购买者的最大损失不过是期权费用加佣金。

3.3.3　什么是看涨期权的价值

下面举例说明看涨期权的价值。

如果某只股票当前价格为20元，假设一年后的股价只有5个价格，分别是10元、12元、18元、25元、32元，并且概率都是20%。

现在有一张“一年后行权，行权价为20元”的看涨期权，价值应该是多少呢？

计算方法如下：

一年后，如果股价为10元、12元、18元，你一定不会行使权利，因为行使权利，意味着赔钱。

如果股价是25元，你一定会行使权利，这样能赚5元。

如果股价是32元，你也一定会行使权利，这样能赚12元。

这样，这张看涨期权的期望收益就是：5×20%+12×20%=3.4（元）。

如果该看涨期权低于3.4元，投资者就会买进该看涨期权；如果该看涨期权高于3.4元，投资者就会卖掉该看涨期权，即该看涨期权的合理价值为3.4元。

3.3.4　可转债的看涨期权价值

济川转债（110038）的转股价格为23.40元，如图3.9所示。

图3.9　济川转债（110038）的转股价格为23.40元

如果将来济川转债（110038）所对应的正股股价涨到30元，即济川药业（600566）的股价涨到30元，那么投资者就会行权，即将可转债转换成济川药业（600566）的股票。如果济川药业（600566）的股价跌破20元，那么投资者就不会行权。

济川转债（110038）的看涨期权，实际上就是一只"存续期为6年，行权价为23.40元的济川药业（600566）的看涨期权"。

可转债的看涨期权价值的影响因素相对比较复杂，其主要因素有以下七点，分别是执行价格、股票价格、波动率、无风险利率、到期期限、现金红利和附加条款，如图3.10所示。

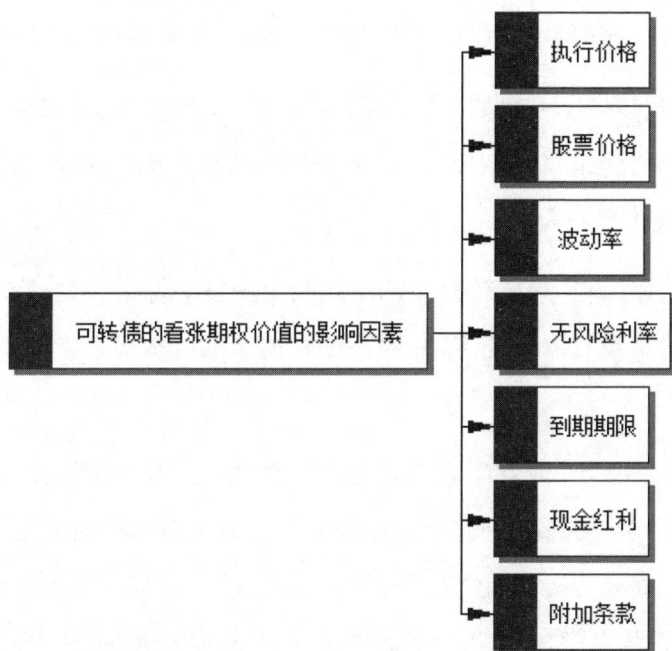

图3.10　可转债的看涨期权价值的影响因素

第一，执行价格，在可转债中称为转股价格。如果转股价格越高，看涨期权价值就越小，可转债的价值也就越小；如果转股价格越低，看涨期权价值就越大，可转债的价值也就越大。

第二，股票价格，即可转债的正股价格。正股价格越低，看涨期权的价值就越大，可转债的价值也就越大；正股价格越高，看涨期权的价值就越小，可转债的价值也就越小。需要注意的是，正股股价与上市公司的业绩和大盘走势相关。

第三，波动率。正股股价的波动率越大，看涨期权的价值就越大，可转债的价值也就越大；正股股价的波动率越小，看涨期权的价值就越小，可转债的价值也就越小。需要注意的是，波动率是影响期权价值的一个重要因素，但波动率的准确度量与预测很难。

第四，无风险利率。无风险利率越大，可转债看涨期权的价值越大，但可转债中债券的贴现率也随之变大，债券的价值变小，综合起来可转债的价值是要变小的。我国的无风险利率可以用一年期定期存款利率或短期国债利率代表。

第五，到期期限。一般情况下，到期期限越长，看涨期权的价值越大，可转债的价值也就越大。离到期日越近，看涨期权的价值也就越小，所以，快到期的可转债投资价值不大。

第六，现金红利。可转债对应的正股股票派发的现金红利越多，除权缺口越大，就等于正股股价大幅下跌，看涨期权的价值自然就会变小，可转债的价值也就越小。

第七，附加条款。赎回条款实际上是要强制投资者提前转股，这将降低可转债内含有的期权价值。回售条款则保障了投资者在可转债的正股股价低迷时的权益，能提高可转债内含的期权价值。其他条款也将不同程度地对期权价值产生一定的影响，但由于各个条款的抵消作用，期权价值实际受到的影响并不如想象的那么大。

3.4　可转债的理论价值

投资者在不考虑下修转股价格和回售的情况下，可转债的理论价值等于纯债价值加上看涨期权价值，其计算公式如下：

可转债的理论价值 = 纯债价值 + 看涨期权价值

可转债的纯债价值和看涨期权价值，可以利用同花顺软件查看。打开同花顺软件，选择菜单栏中的"行情/债券/可转债"选项，即可看到可转债的报价信息。

单击水平滚动条右侧按钮，向右滚动报价信息，即可看到可转债的纯债价值和看涨期权价值，如图3.11所示。

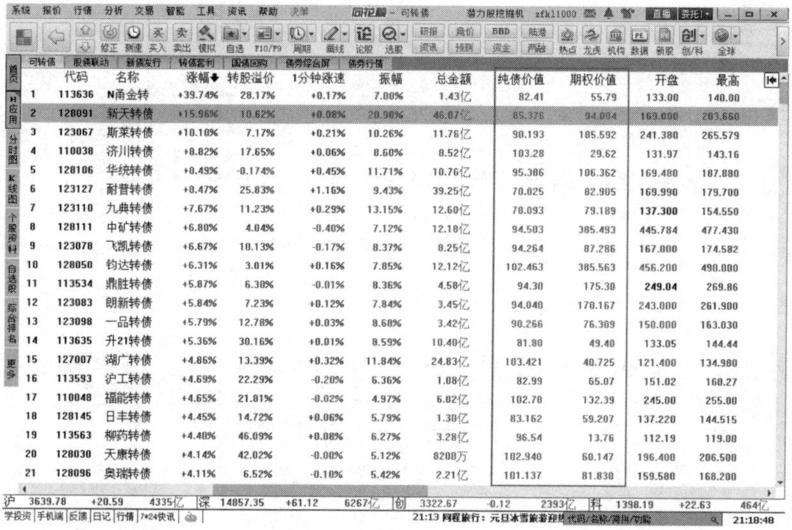

图3.11　可转债的纯债价值和看涨期权价值

新天转债（128091）的纯债价值为85.376元，其看涨期权价值为94.084元，这样就可以计算出其理论价值，即为85.376 + 94.084 = 179.46（元）。

双击新天转债（128091），即可看到该可转债当前的价格，即为192.306元，如图3.12所示。

这样可转债的市场价格（192.306元）高于其理论价格（179.46元），所以可转债的价格偏高了，投资者就不要再买入该可转债了。

斯莱转债（123067）的纯债价值为90.193元，其看涨期权价值为185.592元，这样就可以计算出其理论价值，即为90.193 + 185.592 = 275.785（元）。

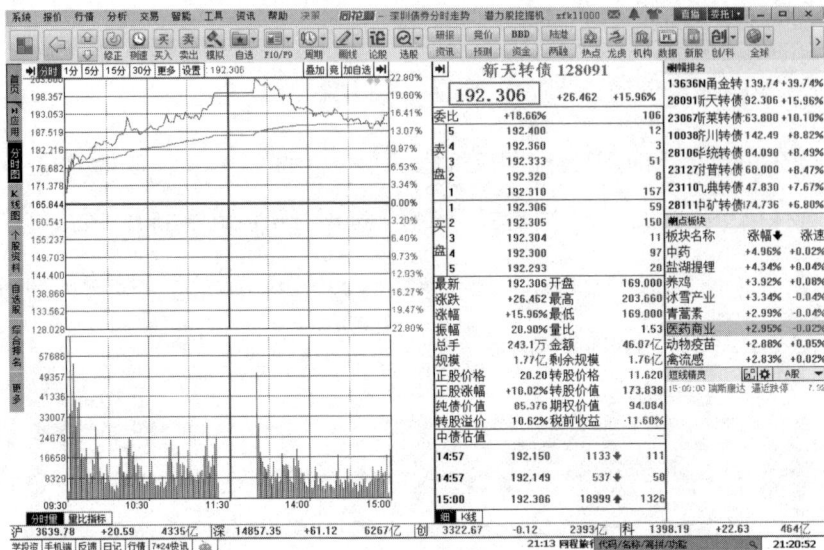

图3.12　新天转债（128091）的价格为192.306元

双击斯莱转债（123067），即可看到该可转债当前的价格，为263.800元，如图3.13所示。

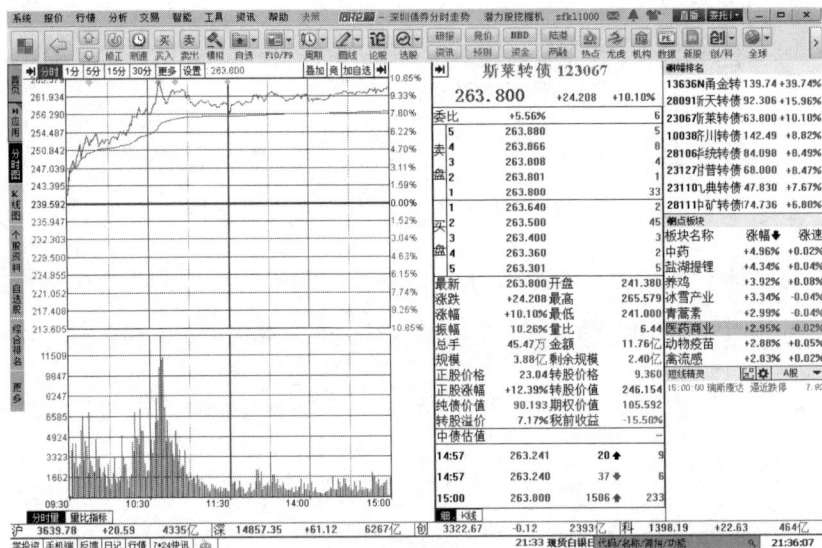

图3.13　斯莱转债（123067）的价格为263.800元

可转债的市场价格（263.800元）低于其理论价格（275.785元），可转债的价格偏低，投资者可以考虑买进该可转债。

第 4 章

可转债的打新和配售

打新和配售，是可转债投资中最常规、最简单、风险和成本最低的投资方式。

本章主要内容包括：

➤ 可转债打新的流程

➤ 开立沪深证券账户、资金账户和银证转账账户

➤ 信用申购

➤ 市值申购

➤ 查看最近可打新的可转债

➤ 利用交易软件打新可转债

➤ 打新可转债的注意事项

➤ 提高打新可转债中签率的技巧

➤ 打新可转债的卖出技巧

➤ 什么是可转债配售

➤ 可转债配售需要手动缴款

➤ 可转债配售要注意的事项

4.1　可转债打新的流程

可转债打新非常火热,那么,可转债打新的流程是怎样的?下面具体讲解。

（1）在证券公司开立沪深证券账户。

（2）选择合适的证券营业部开立资金账户。

（3）设立银证转账账户。

（4）开户时向证券公司提出网上交易的请求,同时设置网上交易密码和通信密码。

（5）在证券公司指定网站下载相关的网上交易软件和行情分析软件。

（6）登录交易软件,输入资金账户号码、交易密码、通信密码等信息。

（7）银证转账。

（8）打新可转债。

4.2　开立沪深证券账户、资金账户和银证转账账户

证券账户是指证券登记机构为了对证券投资行为进行准确、有效记载、清算、交割而给证券投资者设立的专门账户。每个证券账户配发一个股东代码,每个代码只对应一位投资者。

4.2.1　开立A股股票账户

投资者可以凭证券账户卡和本人身份证到指定证券交易营业部办理证券的交易、分红、派息、登记过户等事宜。

无论是深圳证券账户，还是上海证券账户，一张证券账户卡可以在全国任意一家交易所会员券商处开户，两者不同的是，深圳证券账户可以在多家证券营业部开户并可同时交易；而上海证券账户必须办理指定交易，即在指定的一家证券营业部办理手续。

> 提醒：上海证券账户，可以购买上海挂牌上市的股票、基金和债券；深圳证券账户，可以购买深圳挂牌上市的股票、基金和债券。另外，基金账户卡只能购买基金，不能购买股票。

办理证券账户卡的具体方法如下：

1. 个人投资者办理证券账户卡

持本人身份证及复印件到证券登记机构办理；由他人代办的，须提供代办人身份证及其复印件、授权委托书。登记公司收费标准：上海证券交易所的40元/户，深圳证券交易所的50元/户。

> 提醒：现在证券登记机构为了吸引客户，不需要交纳这部分费用。另外，现在可以直接在网上或利用手机办理证券账户卡，很方便。

2. 机构投资者办理证券账户卡

机构投资者须提供资料：营业执照（副本）及其复印件（需加盖公章）、法人代码证、法人代表证明书、法人委托书、开户银行名称及账号、经办人身份证及复印件。登记公司收费标准：上海证券交易所的400元，深圳证券交易所的500元。

4.2.2　选择合适的证券营业部

开立了股票证券账户卡，只是具有进行股票证券交易的资格，还不能立即进行股票证券交易。要买卖股票证券，还必须选择一家证券营业部作为证券交易的经纪商，代理人到交易所进行交易，并办理交割、清算、过户等手续。所以，选择合适的证券营业部，可以为投资者以后的操作带来方便。选择证券营业部要注意以下几点：

（1）选择离自己较近的证券营业部。

（2）选择服务质量较好的证券营业部。

证券营业部接受投资者的股票证券买卖委托，要从中收取一定的交易费用，所以，从某种意义上来说，投资者是证券营业部的"上帝"，即证券营业部应提供良好的服务，并为投资者提供相应的理财知识。

很多实务强、信誉好的券商常常有一批高素质的研究人员，能够为投资者提供全方位的理财服务，如定时提供盘后分析、个股推荐、操作建议等。

（3）选择设备齐全的证券营业部。

4.2.3　开立资金账户

投资者选定证券营业部后，即可办理资金账户，具体步骤如下：

（1）个人开户需提供身份证原件、复印件、深沪证券账户卡原件及复印件；如果是代理人，还需与委托人同时临柜签署《授权委托书》并提供代理人的身份证原件和复印件。法人机构开户应提供法人营业执照及复印件、法人代表人证明书、证券账户卡原件及复印件；法人授权委托书和被授权人身份证原件及复印件、单位预留印鉴。

（2）填写开户资料并与证券营业部签订《证券买卖委托合同》，同时签订有关沪市的《指定交易协议书》。

（3）证券营业部为投资者开设资金账户。

4.2.4　设立银证转账账户

大部分证券公司的资金管理模式都是采用银证转账的形式。投资者办理证券公司的资金账户后，还需要设立银证转账账户，具体步骤如下：

（1）投资者持身份证、资金账户、沪深股东账户到指定的"银证通"业务的银行办理开户手续。

（2）填写《证券委托交易协议书》和《银券委托协议书》。

（3）设置交易密码，领取协议书客户联，这样就可以进行委托交易。

4.3　信用申购与市值申购

2017年9月8日，证监会正式发布修订后的《证券发行与承销管理办法》，并于当日起开始施行。证监会对可转债、可交换债发行方式进行调整，将现行的资金申购改为信用申购。

4.3.1　信用申购

信用申购，是指投资者无须股票市值即可参与申购可转债，空仓也可顶格申购可转债。可转债的申购方式和时间（9:30—11:30, 13:00—15:00）与打新股基本相同。每个账户最小申购单位为1手（10张，1 000元），超过1手必须是1手的整数倍。以博瑞转债（118004）为例，每个账户申购数量上限为1 000手（10 000张，100万元），如超过该申购上限，则该笔申购无效。网上申购时无须缴付申购资金，中签后缴款。

4.3.2　市值申购

市值申购，新股申购就是市值申购，是指投资者必须持有深圳市场或上海市场非限售A股股份市值1万元以上，才能参与新股网上申购。同时投资者申购数量不能超过主承销商规定的申购上限，且不得超过持有市值对应的可申购额度。沪深两市的市值不能合并计算，下面举例说明。

甲公司和乙公司同时定于T日在深交所进行网上申购，网上发行量分别为5 000万股和2 000万股，主承销商规定的申购上限分别为5万股和2万股，发行价格都为10元。

T−2日，按照新办法，只有投资者至少拥有1万元市值的股票，才能够获得对应额度新股申购的权利。申购日前两个交易日收市后，投资者张某持有深市非限售A股股份在前二十个交易日（包括当天）的每日平均市值为20.9万元，则张某能够获配41个申购单位，可申购新股41×500＝20 500（股）。这一可申购额度少于甲公司的5万股申购上限，超过乙公司的2万股申购上限。因此，张某最多只能申购甲公司20 500股，乙公司20 000股，超过部分为无效申购。

T日，网上申购。根据市值申购，无须缴款。

T+2日，公布中签率、中签号。

T+3日，如中签，按中签多少缴款。

注意：以上T+N日为交易日，遇周六、周日顺延。

4.4 打新可转债实战

开立股票证券账户后，即可打新可转债。打新可转债，就是申购即将上市的可转债。

4.4.1 查看最近可打新的可转债

打开同花顺软件，然后单击菜单栏中的"行情/债券/可转债"命令，即可看到可转债的报价信息，如图4.1所示。

图4.1　可转债的报价信息

单击"新债发行"选项卡，即可看到最近可打新的可转债，如图4.2所示。

图4.2　最近可打新的可转债

查询当日是2022年1月4日，可以看到有一只可转债可打新，即博瑞转债
（118004）。

博瑞转债（118004）这只可转债的申购日期为2022年1月4日，申购代码
为718166，发行总量为4.65亿元。

2022年1月5日,即下一个交易日,也有一只可转债可以打新,即隆22转债(113053),申购日期为2022年1月5日,申购代码为783012,发行总量为70亿元。

在打新可转债之前,需要详细了解该可转债,下面以博瑞转债(118004)为例进行讲解。

双击博瑞转债(118004),即可进入博瑞转债(118004)的分时走势图中,按下"F10"键,即可进入该可转债的基本资料页面,如图4.3所示。

图4.3 可转债的基本资料页面

由图4.3可以看到,博瑞转债(118004)的转股价值信息,具体如下:

正股名称为博瑞医药,正股价格为35.06元,转股起始日期为2022年7月11日,转股价格为35.68元,转股价值为98.262元,转股溢价率为1.77%,回售触发价为24.98元,强赎触发价为46.38元。

向下拖动垂直滚动条,即可看到博瑞转债(118004)的基本资料信息,即可转债的代码、名称、类型、年限、起息日期、到期日期、信用评级、票面利率等信息,如图4.4所示。

继续向下拖动垂直滚动条,即可看到博瑞转债(118004)的债券公告和债券发行人信息,如图4.5所示。

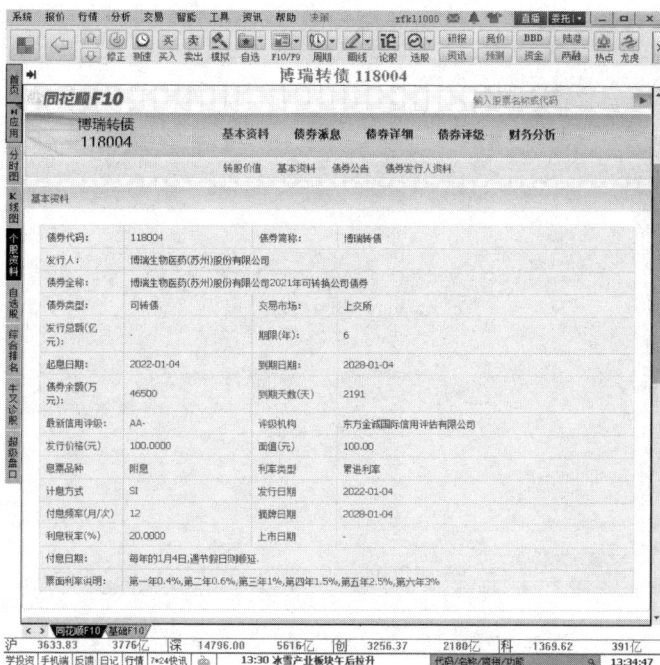

图4.4　博瑞转债（118004）的基本资料信息

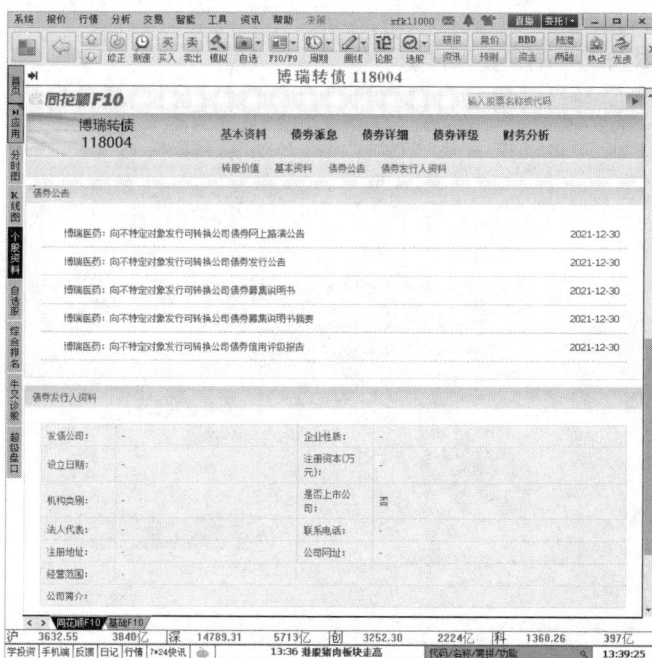

图4.5　博瑞转债（118004）的债券公告和债券发行人信息

单击"债券派息",即可看到博瑞转债（118004）的债券派息信息，即债券的现金流信息，如图4.6所示。

图4.6　博瑞转债（118004）的债券派息信息

还可以查看博瑞转债（118004）的债券评级和财务分析信息。

4.4.2　利用交易软件打新可转债

打开同花顺软件，选择菜单栏中的"交易/委托交易"选项（快捷键：F12），即可打开交易软件，即委托下单登录界面，如图4.7所示。

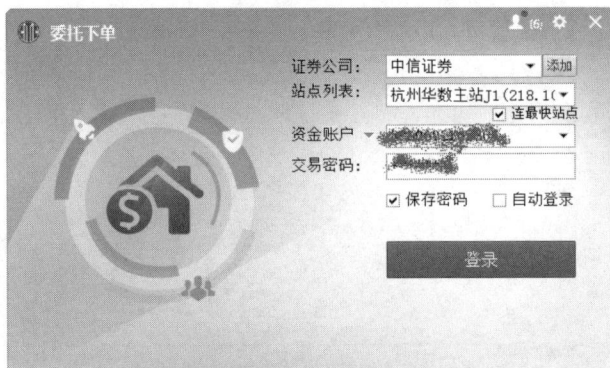

图4.7　委托下单登录界面

正确选择您开户的证券公司，然后输入资金账户及交易密码，单击"登录"按钮，即可成功登录交易软件。

单击左侧导航栏中的"买入"，即可看到买入股票界面，如图4.8所示。

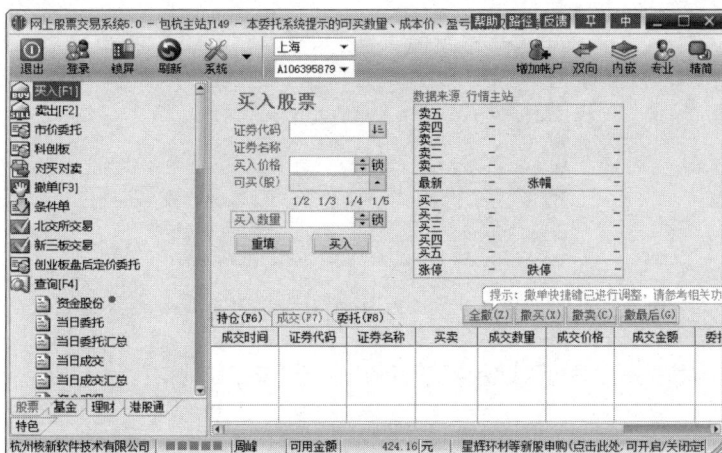

图4.8　买入股票界面

打新可转债与买入股票相同。首先输入要打新可转债的申购代码，即输入博瑞转债的申购代码718166，就会自动显示证券名称和买入价格，还可以看最多可以买入的数量，如图4.9所示。

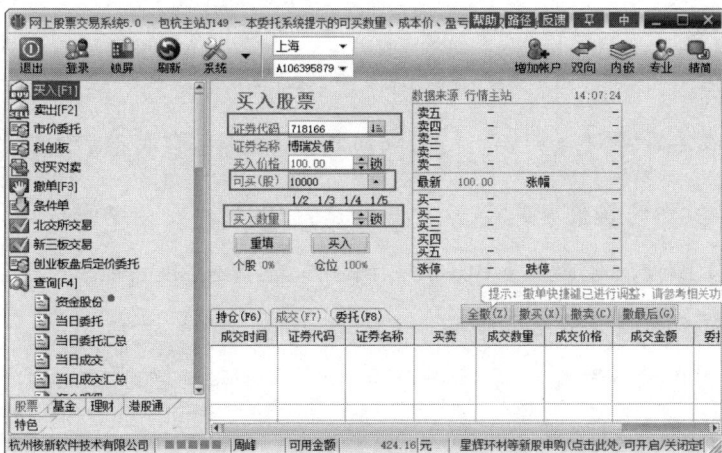

图4.9　输入可转债的申购代码

由图4.9可以看到，最多可以买入10 000。一般情况下采取顶格申购，即买入数量为10 000，单击"买入"按钮，弹出"委托确认"对话框，如图4.10所示。

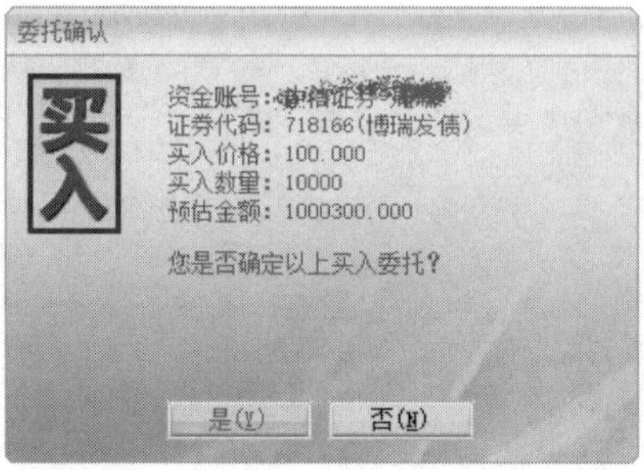

图4.10　"委托确认"对话框

单击"是"按钮，即可成功申购，单击"否"不再申购。

4.5　打新可转债的注意事项

打新可转债的注意事项具体如下：

第一，打新可转债是稳赚不赔吗？一般情况下，打新可转债具有较强的赚钱效应，一般都会有10%~20%的收益。但并不能保证每一只可转债在上市当天都是赚钱的，因为可转债的价格和它本身的条件、公司的基本面、正股和大盘的行情有关系。不过，只要坚持打新可转债，往往都会有不错的投资收益。

第二，打新可转债要准备多少钱。可转债的最小交易单位是1手（等于10张），一张100元，1手就是1 000元。申购时，建议投资者都顶格申购，也就是按照你能申购的最大额度去申购（一般是1 000手），以此来提高中签率。

第三，一个投资者可以用多个账户打新可转债吗？需要注意的是，同一个身份证，针对同

提醒：顶格申购只是为了提高中签率，实际情况是，就算能中签，一般也只能中1~3手，绝大多数都是1手。如果要长期打新可转债，一个账户准备5 000元左右即可。

一只新可转债，不管用几个账户去申购，最终都只有第一次申购是有效的，其他的都作废。

> 提醒：很多投资者会用家人或朋友的账户来参与打新可转债，从而实现使用多账户打新可转债。

第四，为什么有些新的可转债不能打呢？股票有主板、中小板、创业板、科创板之分，对应的可转债也一样。如果投资者没有开通创业板和科创板，就没有办法打新创业板和科创板的可转债。

> 提醒：创业板的股票的开头是300，科创板的股票的开头是688。

第五，打新可转债什么时候出结果呢？如果以申购日为T日，那么中签结果公示时间是T+2日。也就是说，如果申购日是2022年1月4日，最晚1月6日会出结果，如图4.11所示。

> 提醒：有些券商会在前一日晚上就显示结果。

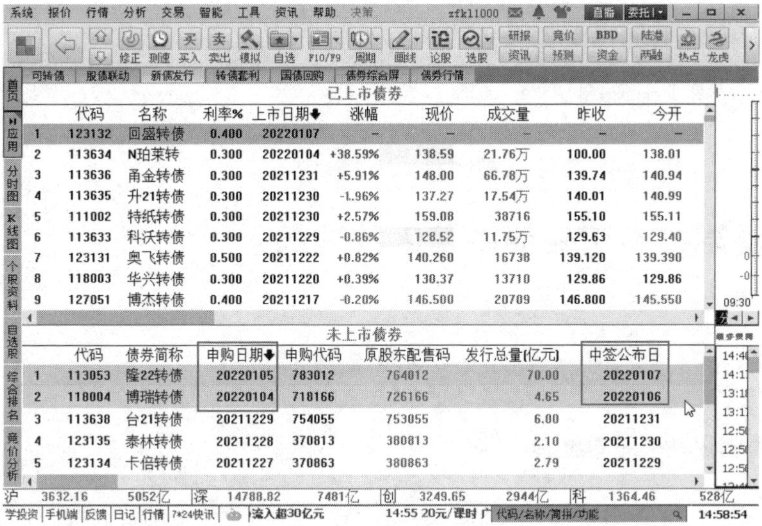

已上市债券

	代码	名称	利率%	上市日期	涨幅	现价	成交量	昨收	今开
1	123132	回盛转债	0.400	20220107	-	-	-	-	-
2	113634	N珀莱转	0.300	20220104	+38.59%	138.59	21.76万	100.00	138.01
3	113636	甬金转债	0.300	20211231	+5.91%	148.00	66.78万	139.74	140.94
4	113635	升21转债	0.300	20211230	-1.96%	137.27	17.54万	140.01	140.99
5	111002	特纸转债	0.300	20211230	+2.57%	159.08	38716	155.10	155.11
6	113633	科沃转债	0.300	20211229	-0.86%	128.52	11.75万	129.63	129.40
7	123131	奥飞转债	0.500	20211222	+0.82%	140.260	16738	139.120	139.390
8	118003	华兴转债	0.300	20211220	+0.39%	130.37	13710	129.86	129.86
9	127051	博杰转债	0.400	20211217	-0.20%	146.500	20789	146.800	145.550

未上市债券

	代码	债券简称	申购日期	申购代码	原股东配售码	发行总量(亿元)	中签公布日
1	113053	隆22转债	20220105	783012	764012	70.00	20220107
2	118004	博瑞转债	20220104	718166	726166	4.65	20220106
3	113638	台21转债	20211229	754055	753055	6.00	20211231
4	123135	泰林转债	20211228	370813	380813	2.10	20211230
5	123134	卡倍转债	20211227	370863	380863	2.79	20211229

图4.11　中签公布日

第六，什么时候转钱到股票账户中？等到中签以后，才需要转钱进去，在T+2日当天15:00前通过银证转账转到股票账户里，系统会自动扣款。当然，如果账户里本来的可用资金是足够的，那就不用转了。如果在规定的时间，账户里可用资金不足的话，就等于你放弃这次申购了。如果在连续的12个月内，累计有3次中签但都放弃申购，从最后一次放弃申购次日起的180个自然日内，就不能再参与网上申购了（包括新债，也包括新股）。

第七，新可转债什么时候上市交易？需要注意的是，我们申购可转债时，可转债上市时间是不知道的，一般情况是在申购后2~4周。

第八，可转债上市首日怎么停牌了呢？可转债上市首日，投资者有时会遇到停牌的情况。这个不用担心，因为这是好事，说明涨太多了。

第九，打新可转债有手续费吗？打新可转债没有印花税，但要收取佣金。沪市按照不超过成交金额的万分之二收取，起点1元，双向收取，也就是买和卖都要收。深市按照不超过成交金额的千分之一收取，没有起点金额，也是双向收取。在实际操作中，有的券商的佣金可以低至万分之一甚至万分之一以下。

第十，可转债申购和可转债配售可以同时交易吗？持有正股股票的投资者在配售完成后，也可以参与网上申购可转债，两者并不冲突。但需要注意的是，可转债的配售和申购的代码不同。

4.6 提高打新可转债中签率的技巧

提高打新可转债中签率的技巧有四点，具体如下。

1. 多利用几个股票账户

由于可转债申购是信用申购，即股票账户中没有资金也可以申购，为了提高中签率，申购的账户越多机会越大。

2. 选择好申购时间

一般情况下，可转债的中签率是随时间正态分布的，投资者越是在中间时间申购可转债，成功率就越大，所以，交易日的10:30—11:00，14:30—15:00，这两个时间段最好。

3. 顶格申购

顶格申购是为了增加获得可转债的配号。需要注意的是，投资者几乎没有可能全部中签，可以放心大胆地顶格申购。1 000手就有1 000次中签机会，这样中签概率会大大增加。

4. 参与配售可转债

投资者可以在新的可转债发行前申购该上市公司的股票，这样投资者就可以优先申购新的可转债。这是因为新的可转债是优先发售给股东的，股东不买才会有非股东来申购，这也是比较稳妥能够拿到新的可转债的方式。

4.7　打新可转债的卖出技巧

打新可转债中签后，需要等到可转债上市后才能卖出。一般情况下，从可转债申购中签到上市交易的时间，一般是半个月到一个月。

对于大多数投资者来说，打新可转债中签后，在上市交易第一天都会逢高卖出。可转债的卖出方法与股票相同，即单击左侧导航栏中"卖出"，然后输入证券代码，即可看到证券名称、卖出价格和可用余额，如图4.12所示。

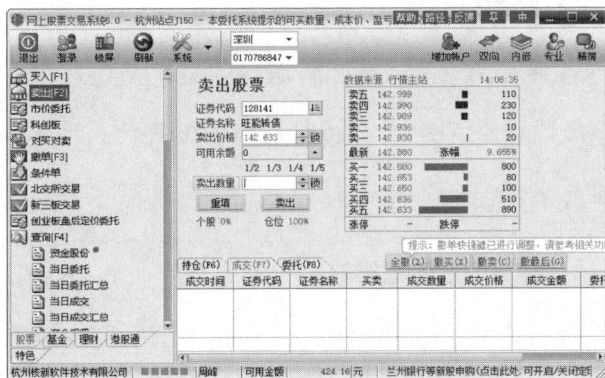

图4.12　卖出可转债界面

然后输入要卖出的数据，单击"卖出"按钮即可。

当然，为了获取更大的收益，也有一些投资者会挑选一个合适的价格卖出可转债。到底该如何卖出手中持有的可转债呢？在实战操作中，投资者会结合正股的K线图、消息面及市场情绪等因素综合分析。

下面介绍一个简单的卖出可转债策略，即对可转债进行简单估值：

首先找出几只基本面情况类似的可转债，即正股是同一类上市公司、财务指标也比较接近等，然后参考它们的转股溢价率，再根据可转债价格=转股价值×（1+转股溢价率），转股价值=100÷转股价格×正股当前价格，以此来估算可转债的价格。

4.8　可转债配售的技巧

前面讲解了可转债打新的方法与技巧，本节讲解可转债配售。

4.8.1　什么是可转债配售

可转债配售，是指在股权登记截止前，持有上市公司股票的股东，按照一定的配售比例，优先配售可转债。

到底可以配售多少可转债，就要看所持的股票及每股配售的金额。每股配售金额在上市公司的公告中可以看到。可转债配售计算方法如下：

持有的股票数量×每股配售额=可以配到的可转债

上海交易所的可转债优先配售最小单位是"手"，最少得配1手可转债。如果可以配到的可转债不足1手，就按照"精确算法"计算，类似于四舍五入，但并不是大于0.5就肯定会配到，也有可能配不到，因为所有不足1手的按数量多少进行排队，越少排在越后面，就有可能配不到。

4.8.2　可转债配售需要手动缴款

投资者配到新的可转债后，需要手动缴款，否则会被认为自动弃权。当投资者配到新的可转债时，要看一下股票账户中的"可用资金"是多少，是否大于需要缴款的金额，1手需要缴款1 000元，2手需要缴款2 000元，以此类推。

投资者配到新的可转债后，会在股票账户的持仓中看到该可转债，双击该可转债，进入买入界面，然后输入相应的数量，单击"买入"按钮即可。

操作完成后，投资者会发现"可用资金"已经被扣取相应的资金。扣钱了，就意味着缴款成功。

缴款成功后，股票账户持仓中并不会很快出现该可转债，可能要等上几个交易日，也有可能等上十几个交易日，或者上市前才会显示在持仓中。

4.8.3　可转债配售要注意的事项

与打新可转债不同，可转债配售是有风险的，这是因为投资者需要在股权登记日那天持有相应的正股，这和不需要任何持仓就可以申购可转债的差别非常大。

如果投资者本来就看好正股并且持有正股，可以选择大胆参与可转债配售，因为这本身就是给股东提供的一种福利。

基于可转债配售的风险，大部分情况下，还是要谨慎参与可转债配售。下面的情况中，投资者可通过提前一天购买正股，从而实现可转债配售。

第一，大盘处在上涨行情中。

第二，发行可转债公告之前，正股没有出现大涨。

第三，正股所处的行业或板块整体处在上涨趋势中。

第四，正股"百元股票含权"高，即每买100元正股所能够配售的可转债市值较高。

另外，可转债配售还要注意以下两点：

第一，配售的流程T-1日。投资者手上需要持有正股，无论什么时候买入，都要在这一天收盘后持有。

第二，配售的流程T日。根据可转债配售的代码买入相应的份额，并且买入时，股票账户里需要有足够的资金用来缴纳所需款项。

第 5 章

可转债的交易规则和分时图走势

为了更好地投资可转债，投资者需要深入了解其交易规则，并且还要掌握其分时图走势实战技巧。

本章主要内容包括：

➤ 可转债的基础交易规则

➤ 不同交易所可转债的代码不同

➤ 深交所不同板块的可转债代码不同

➤ 上交所可转债的停牌规则

➤ 深交所可转债的停牌规则

➤ 早盘的集合竞价规则

➤ 盘中的集合竞价规则

➤ 尾盘的集合竞价规则

➤ 可转债的分时走势图

➤ 均价线的助涨功能

➤ 均价线的助跌功能

➤ 利用均价线捕捉做多点位

➤ 分时图的量能应用技巧

5.1 可转债的交易规则

要进行可转债交易，就要了解其交易规则，下面进行详细讲解。

5.1.1 可转债的基础交易规则

可转债的基础交易规则具体如下：

第一，可转债的买卖操作与股票相同。登录交易软件后，单击左侧导航栏中的"买入"或"卖出"按钮，然后输入可转债的代码、数量和价格，单击"买入"或"卖出"按钮即可。

第二，可转债的最小买卖单位是10张。注意：深交所称为10张，上交所称为1手。

第三，可转债是T+0交易（当日买入，当日就可以卖出）。需要注意的是，可转债在转换期结束前的十个交易日终止交易，终止交易前一周交易所予以公告。

第四，在深交所，投资者应向券商交纳佣金，标准为总成交金额的千分之二（2‰），佣金不足5元的，按5元收取。在上交所，投资者委托券商买卖可转债须交纳手续费，每笔人民币1元，异地每笔人民币3元。成交后在办理交割时，投资者应向券商交纳佣金，标准为总成交金额的2‰，佣金不足5元的，按5元收取。另外，可转债不用交印花税。

第五，上交所可转债有停牌制度，深交所原来没有停牌制度，但从2020年11月2日起施行了停牌制度。

5.1.2　可转债的代码规则

在股市中，不同交易所上市的股票的代码也不同。例如，创业板股票的代码以300开头、科创板股票的代码以688开头、上交所A股股票的代码以600或601开头等。可转债也有一套代码规则，具体如下。

1. 不同交易所可转债的代码不同

上交所可转债代码以11开头，如文灿转债的代码是113537，是上交所的可转债，如图5.1所示。

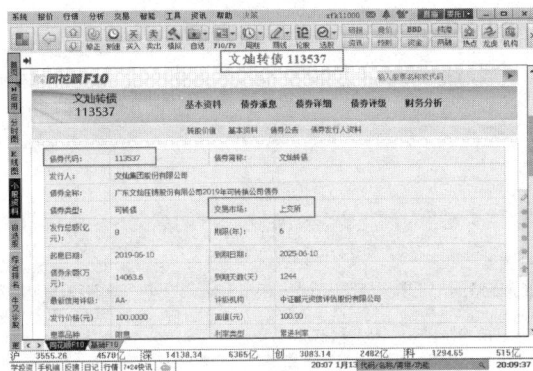

图5.1　文灿转债（113537）是上交所的可转债

深交所可转债代码以12开头，如创维转债的代码是127013，是深交所的可转债，如图5.2所示。

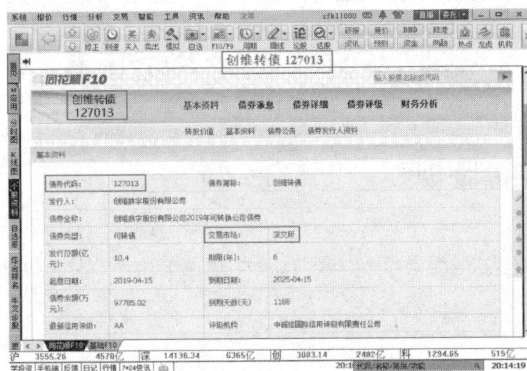

图5.2　创维转债（127013）是深交所的可转债

2. 深交所不同板块的可转债代码不同

深交所主板可转债代码以127开头，如创维转债（127013）是深交所主板可转债。深交所中小板可转债代码以128开头，如联创转债（128101）是深交所中小板可转债。深交所创业板可转债代码以123开头，如飞凯转债（123078）是深交所创业板可转债。

另外，科创板也有可转债，其代码以118开头，如天合转债（118002）是科创板的可转债。

需要注意的是，上交所可转债（代码以11开头）的交易价格精确到小数点后两位数，深交所可转债（代码以12开头）的交易价格精确到小数点后三位数。科创板的可转债的交易价格精确到小数点后三位数，如图5.3所示。

> 提醒：创业板、科创板的可转债申购与交易都要开通相应交易权限才可以进行。

图5.3　不同板块可转债的交易价格精确到小数点后的位数

5.1.3　可转债的停牌规则

上交所和深交所可转债的停牌规则不完全相同，下面分别进行讲解。

1. 上交所可转债的停牌规则

第一，可转债盘中成交价较前收盘价首次上涨或下跌达到或超过20%的，临时停牌30分钟，如果停牌时间达到或超过14:57，则14:57复牌。如果某只可转债9:45上涨到20%，就会临时停牌30分钟，即到10:15复牌，然后开始交易。如果某只可转债14:45上涨到20%，如果停牌30分钟就收盘了，所以，该可转债会在14:57复牌开始交易。

例如，华海转债（110076）2020年11月25日，即上市首日，开盘高开后，继续上涨到20%，注意：上涨到20%时是9:32，停牌30分钟，10:02复牌开始交易，如图5.4所示。

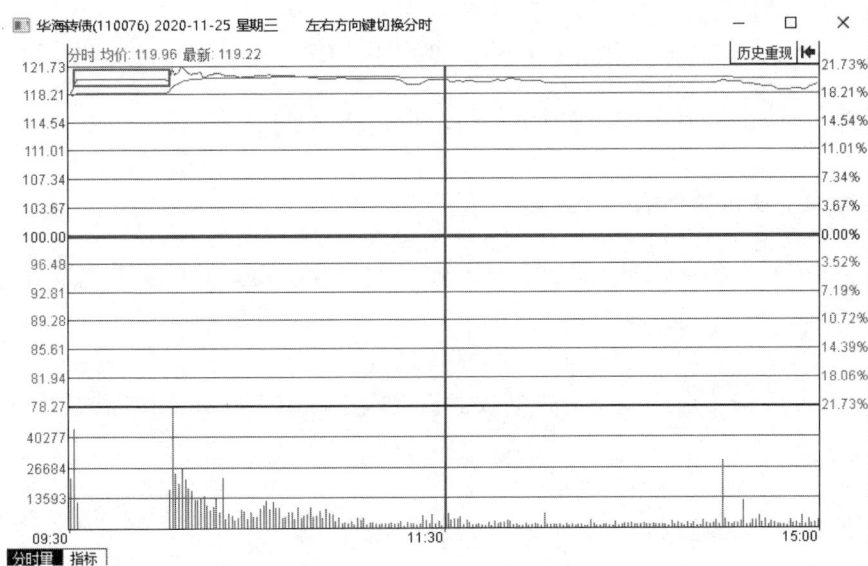

图5.4　华海转债（110076）2020年11月25日的分时走势图

第二，可转债盘中成交价较前收盘价首次上涨或下跌达到或超过30%的，停牌到14:57。如果某可转债开盘就上涨30%，就会停牌，直到14:57复牌开始交易。如果某可转债先上涨20%，就会停牌30分钟，如果复牌后继续上涨，上涨到30%，就会再停牌，直到14:57复牌开始交易。

例如，甬金转债（113636）2021年12月31日，即上市首日，开盘就上涨30%，一直停牌到14:57，然后复牌开始交易，再上涨，如图5.5所示。

图5.5　甬金转债（113636）2021年12月31日的分时走势图

第三，临时停牌期间，投资者无法进行委托交易。

2. 深交所可转债的停牌规则

第一，交易价格涨跌±20%，临时停牌30分钟。如果停牌时间达到或超过14:57，则14:57复牌。

第二，可转债盘中成交价较前收盘价首次上涨或下跌达到或超过30%的，停牌到14:57。

例如，九典转债（123110）2021年4月23日，即上市首日，开盘就上涨10%左右，然后在10:58上涨到20%，然后停牌30分钟，在11:58再度开牌交易。接着价格震荡上涨，在14:27上涨到30%，然后停牌，一直停牌到14:57，然后复牌开始交易，如图5.6所示。

> 提醒：深交所可转债的停牌规则以前是可转债盘中成交价较前收盘价首次上涨或下跌达到或超过30%，也只停牌30分钟。

第三，盘中临时停牌期间，投资者可以申报，也可以撤销申报。复牌时对已接受的申报实行复牌集合竞价。

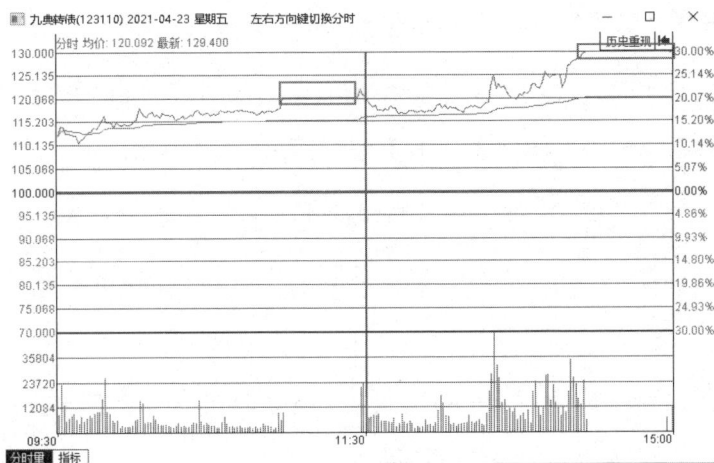

图5.6　九典转债（123110）2021年4月23日的分时走势图

5.1.4　可转债的集合竞价规则

下面讲解可转债早盘、盘中和尾盘的集合竞价规则。

1. 早盘的集合竞价规则

早盘的集合竞价时间为9:15—9:25。9:15—9:20，在这5分钟，投资者可以挂单，也可以撤单。注意：此时的买入价和卖出价没有什么参考意义。

9:20—9:25，投资者可以挂单，但不可以撤单。此阶段的价格才有真正的参考意义，此期间可以挂买卖单，然后9:25集中撮合形成开盘价，所有高于开盘价格的买单和低于开盘价格的卖单均以开盘价格成交。

例如，佳力转债（113597）2022年1月25日的开盘价格是115.90元，那么，竞价期间所有挂高于115.90元的买单及小于115.90元的卖单，都会以115.90元成交。9:25—9:30属于观察阶段，此阶段可以挂单，但不能撤单，对于这期间的买卖单证券交易所不做任何处理，要等到9:30之后统一处理。

另外还要注意，可转债上市首日，上交所挂单为70~150元，深交所挂单为70~130元。非上市首日：前一日收盘价格的±10%。

2. 盘中的集合竞价规则

可转债盘中采用连续竞价。连续竞价，是指对申报的每一笔买卖委托，由计算机交易系统按照价格优先、时间优先原则产生成交价。

在连续竞价过程中，盘中挂单范围是现价的±10%，上交所对于超出范围的申报一律算废单，深交所对于超出范围的申报会收集，待达到成交标准再撮合成交。

投资者如果想尽快买入一只可转债，就要尽可能地比现价高挂。这是因为，同一时间点的买单，价格越高的买单越优先成交。

同理，投资者如果想尽快卖出一只可转债，就要尽可能地比现价低挂。这是因为，同一时间点的卖单，价格越低的卖单越优先成交。

3. 尾盘的集合竞价规则

尾盘集合竞价时间为14:57—15:00，挂单的价格范围为现价的±10%。

上交所的可转债在14:57之后直接进入连续竞价，其间买卖与盘中规则一致，但不同的是没有涨跌幅限制，对于已经申报的买卖单不可撤单。

深交所的可转债在尾盘3分钟实行集合竞价，最终在15:00撮合一个价格形成收盘价，这3分钟之内可以挂单，但不可撤单，所有高于收盘价格的买单和低于收盘价格的卖单全部以收盘价成交。

5.2 可转债的分时走势图

可转债的分时走势图受两个因素的影响：一是市场因素，即受正股的影响；二是非市场因素，即受主力的影响。

图5.7所示为伯特转债（113626）2022年1月26日的分时走势图。

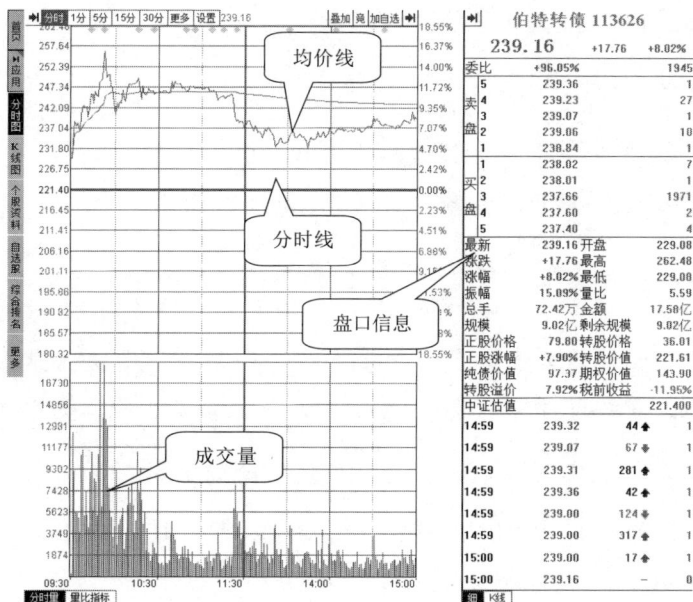

图5.7　伯特转债（113626）2022年1月26日的分时走势图

在分时走势图中，可以看到均价线、分时线、成交量、盘口信息，下面分别进行讲解。

5.2.1　分时线和均价线

分时线和均价线占据分时图的大部分界面，是最重要的分析内容。无论是进行日内T+0交易，还是进行趋势性波段交易，分时线和均价线都是分析的重点，并且要关注它们的位置关系。

1. 分时线

分时线就是把每分钟最后一笔成交价格连接起来，即可得到分时线。

在可转债价格波动的过程中，每分钟内都会有多笔成交。所以，每分钟没有过去，分时线就会处于波动状态之中，直到这一分钟过去后，这个点才可以确定下来。

因此，分时线无法显示价格在这一分钟之内的变化，只能显示这一分钟最后一笔成交的价格。

注意：由于分时线忽略了每分钟内的其他成交价格，所以，分时线有一定的片面性，这个缺陷需要投资者利用成交明细加以弥补。

2. 均价线

均价线的计算公式是：每分钟的平均价格=每分钟的成交额÷成交量。因此，由每分钟的平均价格形成的点连成的那条曲线就是均价线。它反映当日每分钟内入市资金的平均持仓成本，均价线好比商品的价值，分时线好比商品的价格。因此，分时线围绕均价线上下波动，反映了均价线对价格走势的支撑和打压作用。

（1）均价线的支撑作用

当分时线处于均价线上方时，它每次向下回落触及均价线后受到支撑，就会重新上涨。

（2）均价线的打压作用

当分时线处于均价线下方时，它每次向上反弹触及均价线后受到打压，就会重新回落。

注意：利用均价线的支撑和打压作用，可进行T+0交易。当分时线处于均价线上方，若回落到均价线后重新起涨时，可以买入，以获取更大的利润；相反，当分时线处于均价线下方，若反弹到均价线后重新回落时，应立即卖出，以减少更大的损失。

5.2.2 成交量

成交量显示每分钟内的所有成交手数，注意：其单位不是金额，而是成交手数。成交量柱体的高低，反映了资金交易的积极性。成交量柱体越高，表明多空交战的激烈程度越大；成交量柱体较低，表明多空都处于休整状态。

成交量柱体时而放大、时而缩短，表明资金一会儿集中介入，一会儿又处于暂缓交易状态。

对成交量的分析，主要关注其放量的程度及柱体放长时的连续性，也就是通常所说的是否放量，以及量能放大时是否可以延续。

> 提醒：成交量所衡量的是迫切性，它是市场上投资者交易需求所产生的结果，因为在市场上没有比亏损部位来得更紧迫的事情。从任何图形分析，都可以看出市场输家正在做什么，所以，技术操作者都会监视市场中的迫切性（也就是成交量），以评估当时价格方向的强度（上涨、下跌或盘整）。

5.2.3　盘口信息

下面讲解盘口各名词的意义及在实战中的应用。

1. 委　　比

委比在可转债名称和代码下面，是衡量某一段时间内买卖盘相对强弱的一种指标，其计算公式如下：

委比=（委买手数−委卖手数）÷（委买手数+委卖手数）×100%

其中委买手数是现在委托买入下三档的总数量；委卖手数是现在委托卖出上三档的总数量。

委比值为−100%～+100%。一般来说，当委比为正值，特别是数值很大时，表示买方比卖方力量强，价格上涨概率大；当委比为负值，特别是其绝对值很大时，表示卖方比买方力量强，价格下跌概率大。委比值−100%～+100%的变化是卖盘逐渐减弱、买盘逐渐强劲的一个过程。

> 提醒：在委比的后面还有一个数值，其值就是委差，其计算方法很简单，就是委买与委卖之间的差值，其反映投资者的意愿，在一定程度上反映价格的发展方向。委差为正，价格上涨的可能性就大；反之，下跌的可能性就大。

2. 五档卖盘等候显示栏

五档卖盘等候显示栏位于委比的下方，是五个挂卖出委托单队列，即卖1~卖5，如图5.8所示。

```
    5      239.36          1
卖  4      239.23         27
    3      239.07          1
盘  2      239.06         10
    1      238.84          1
```

图5.8　五档卖盘等候显示栏

卖盘是按照"价格优先，时间优先"的原则，谁卖出的报价低谁就排在前面，如果卖出的价格相同，谁先报价谁就排在前面，并且是由计算机自动计算，是绝对公平的。卖盘1后面的数值是卖出价格（238.84），再后面的数值是卖出可转债的手数（1）。

五档卖盘是空头主力的前沿阵地，是投资者委托卖出筹码的交易数据动态显示区。五档卖盘中实时出现的卖出委托单量的动态变化，可以清楚地反映当时盘中卖出力量的变化。

当五档卖盘的委托单量小于五档买盘的委托单量时，说明卖方力量弱，价格可能出现上升；当五档卖盘的委托单量大于五档买盘的委托单量时，说明卖方力量强，价格可能出现下跌；当五档卖盘的委托单量等于五档买盘的委托单量时，说明买卖方力量均衡，价格很可能出现僵局。

> 提醒：五档卖盘的上述意义仅适用于常规行情，并不能真实反映价格在主力影响状态的操作意图，所以，在临盘实战中，要结合其他分析技术。

3. 五档买盘等候显示栏

五档买盘等候显示栏位于五档卖盘等候显示栏下方，是五个挂买入委托单队列，即买1~买5，如图5.9所示。

买	1	238.02	7
	2	238.01	1
	3	237.66	1971
盘	4	237.60	2
	5	237.40	4

图5.9　五档买盘等候显示栏

买盘也是按照"价格优先，时间优先"的原则，谁买入的报价高谁就排在前面，如买入价格相同，谁先报价谁就排在前面。买盘1后面的数值是买入价格（238.02），再后面的数值是买入的可转债的手数（7）。

五档买盘是多头主力的前沿阵地，是投资者委托买入筹码的交易数据动态显示区。五档买盘中实时出现的买入委托单量的动态变化，可以清楚地反映当时盘中买入力量的变化。

4. 其他名词解释

在五档买盘等候显示栏下方有很多盘口名词，如图5.10所示。

最新	239.16	开盘	229.08
涨跌	+17.76	最高	262.48
涨幅	+8.02%	最低	229.08
振幅	15.09%	量比	5.59
总手	72.42万	金额	17.58亿
规模	9.02亿	剩余规模	9.02亿
正股价格	79.80	转股价格	36.01
正股涨幅	+7.90%	转股价值	221.61
纯债价值	97.37	期权价值	143.90
转股溢价	7.92%	税前收益	-11.95%

图5.10　五档买盘等候显示栏下方的盘口名词

下面分别解释。

（1）最新：即最新价，是指刚刚成交的一笔交易的成交价格。

（2）开盘：即开盘价，是指当天第一笔交易的成交价格。

（3）涨跌：是指现在的最新价格与前一天收盘价相比涨跌的数额。

（4）最高：是指当天开盘以来各笔成交价格中最高的成交价格。收盘时"最高"后面显示的价格是当日成交的最高价格。

（5）涨幅：是指现在的最新价格与前一天收盘价相比，涨跌幅度的百分数。

（6）最低：是指当天开盘以来各笔成交价格中最低的成交价格。收盘时"最低"后面显示的价格是当日成交的最低价格。

（7）振幅：是指当天开盘以来最高价格和最低价格之差的绝对值与最低价格的百分比，其计算公式如下：

振幅=（最高价格−最低价格）÷最低价格×100%

> 提醒：振幅越大，表明价格波动越剧烈。

（8）量比：是指当天开盘以后每分钟平均成交量与过去5个交易日每分钟平均成交量之比，其计算公式如下：

量比=现成交总手÷［过去5个交易日每分钟平均成交量×开盘以来累计开盘时间（分钟）］

> 提醒：量比在0.5～1为正常；在1.5以上为温和放量；在3以上为明显放量；在5以上为剧烈放量。

（9）总手：是指当天开盘以来成交的总手数，以万为单位。

（10）金额：是指当天开盘以后成交的总金额，以亿元为单位。

（11）规模：是指可转债的发行规模，也是融资规模。

（12）剩余规模：是指可转债的未转股量，剩余规模越小，筹码就越少，越容易被大资金影响。

（13）正股涨幅：是指可转债对应的股票，其现在的最新价格与前一天收盘价相比，涨跌幅度的百分数。

（14）税前收益：是指现价买入可转债或持有转债，中途没有触发回售条款，也没有强赎，而是一直持有到期，将获得的年化收益利润。

注意：正股价格、转股价格、转股价值、纯债价值、期权价值、转股溢价前面章节已讲过，这里不再重复。

5. 中证估值和成交明细

中证估值是指中证指数公司对可转债的价值进行预估，中证指数公司对伯特转债（113626）的估值为221.400元，如图5.11所示。

规模	9.02亿	剩余规模	9.02亿
正股价格	79.80	转股价格	36.01
正股涨幅	+7.90%	转股价值	221.61
纯债价值	97.37	期权价值	143.90
转股溢价	7.92%	税前收益	-11.95%
中证估值			221.400

图5.11　中证估值

伯特转债（113626）的价格为239.16元，这表明中证指数公司认为伯特转债（113626）的价格偏高。

在中证估值的下方可以看到，当前最近几分钟连续成交情况，即几点几分以什么价位成交，每笔成交手数是多少，如图5.12所示。

中证估值			221.400
14:59	239.32	44 ↑	1
14:59	239.07	67 ↓	1
14:59	239.31	281 ↑	1
14:59	239.36	42 ↑	1
14:59	239.00	124 ↓	1
14:59	239.00	317 ↑	1
15:00	239.00	17 ↑	1
15:00	239.16	—	0

图5.12　成交明细

从图5.12可以看出，14:59成交6笔，成交价格分别是239.32元、239.07元、239.31元、239.36元、239.00元、239.00元，成交量分别是44、67、281、42、124、317，成交手数分别是1、1、1、1、1、1。

利用成交明细,投资者可以更细微地体会分时图的价格走势,更真切地观察主力的盘中异动。

5.3　均价线应用技巧

均价线在可转债交易的过程中,具有非常重要的作用。均价线虽然仅仅是一条平滑的线,但它在T+0短线分析中具有很重要的参考作用。

5.3.1　均价线的助涨功能

均价线代表了当天某一时刻入场资金的平均持仓成本,而当天操作的资金数量由于机构占据了绝大多数的份额。因此,均价线可以说是机构持仓成本线。

如果价格已形成明显的上涨趋势,场外资金会积极进场做多,新入场的资金不断促进价格上涨,并抬高了市场的平均持仓成本。

由于均价线是多方资金的平均最低持仓成本。所以,多方肯定不希望价格跌破自己的持仓成本。因此,每当价格回落到均价线附近时,多方就会介入,从而把价格拉起。当价格远离均价线时,多方会主动获利了结,从而造成价格回落,当价格回落到均价线附近时,多方会再度介入,这样价格形成良性循环,不断震荡上行。

价格上涨时,进场做多,就好比顺水行舟,如果再遇上顺风,小舟自然会更快速地前行。这个顺风就可以理解为均价线的助涨功能。

图5.13所示为起帆转债(111000)2021年7月5日至2021年7月30日的日K线图。

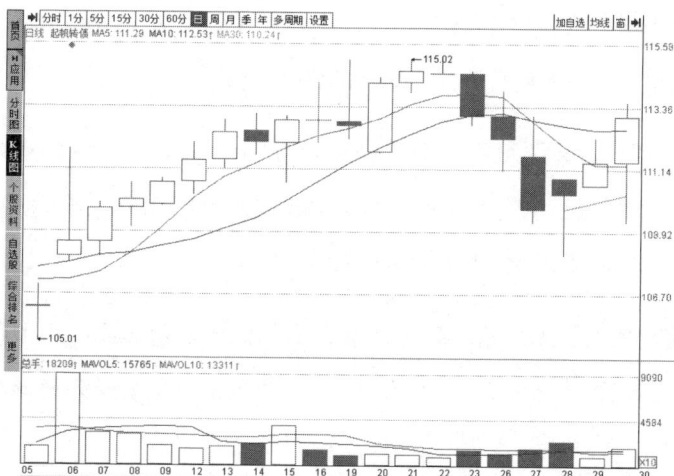

图5.13 起帆转债（111000）2021年7月5日至2021年7月30日的日K线图

从图5.13的日K线上看，起帆转债（111000）的价格经过一波明显的上涨行情后，出现回调，正好回调到30日均线附近，价格收出一根带有下影线的见底K线，然后价格开始上涨，在2022年7月30日（星期五）一根中阳线同时站上5日和10日均线，这表明该可转债已调整结束，又要开始新的一波上涨行情了。所以，投资者可以关注做多机会，即可利用分时图沿着均价线做多。

图5.14所示为起帆转债（111000）2021年8月2日（星期一）的分时走势图。

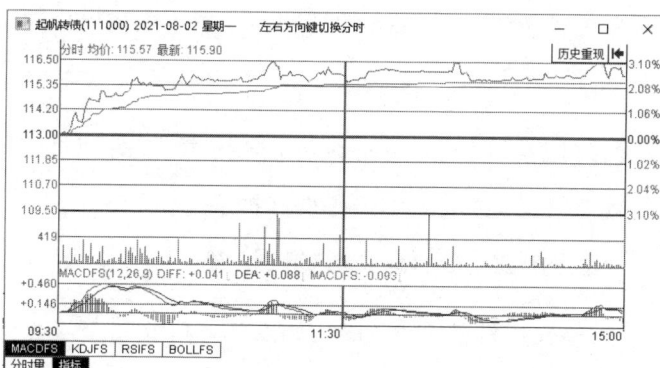

图5.14 起帆转债（111000）2021年8月2日（星期一）的分时走势图

起帆转债（111000）2022年8月2日出现了单边上涨行情，价格自开盘就开始震荡上涨，这为投资者提供了较好的盈利机会。

由图5.14可以看到，每当价格回调到均价线附近，价格就会得到支撑再度上行。当然，随着价格不断上行，均价线也形成明显的上涨趋势，一旦均价线形成某种趋势，那么，它的方向也很难逆转。

在价格震荡上涨之时，如果均价线形成明显的上涨趋势，这时的均价线就起到明显的支撑作用。即每当价格回调到均价线附近时，就会有新资金进场做多，所以，这时的均价线就有助涨功能。

所以，当分时线和均价线保持同步上行时，做多是唯一选择，这样操作是最安全的，并且可以获利丰厚。

5.3.2　均价线的助跌功能

在价格处于明显的上涨趋势之中，均价线具有助涨功能；而在价格处于明显的下跌趋势之中，均价线就有助跌作用。

在均价线形成明显的下跌趋势时，会促使分时线价格继续下跌，并且很容易出现快速下跌行情。原因是：均价线的下行，表明市场平均持仓成本在不断降低，场内的多单亏损不断加大。在这种状态下，多头很容易止损出局，从而加大卖方力量，从而使价格快速下跌。

如果均价线和分时线都处在明显的空头趋势中，最好空仓等待，千万不要认为价格低了，就急着进场抄底。如果投资者抄底，就会发现，低了还有更低，特别是被套后，不及时出来，很容易套得越来越深。

图5.15所示为是天康转债（128030）2021年8月26日至2022年1月11日的日K线图。

图5.15　天康转债（128030）2021年8月26日至2022年1月11日的日K线图

天康转债（128030）的价格经过一波明显的上涨后，创出259.800元高点。但在创出高点这一天，价格收出一根带有较长上影线的阳线，这表明上方已出现卖压。

随后价格出现大幅下跌，大幅下跌之后开始较长时间的震荡。经过较长时间的震荡之后，在2022年1月11日，价格再度跌破震荡平台的低点，这表明价格又要下跌了，所以，手中有多单的投资者要及时卖出。

图5.16所示为天康转债（128030）2022年1月12日的分时走势图。

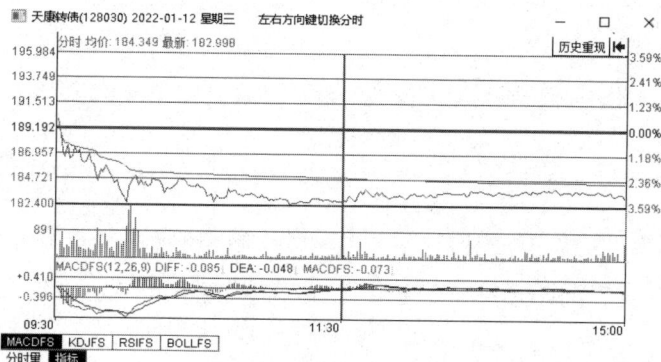

图5.16　天康转债（128030）2022年1月12日的分时走势图

天康转债（128030）2022年1月12日出现单边下跌行情。价格一开盘就快速下跌，随着价格的下跌，均价线也跟着下行，每当价格反弹到均价线附近时，就会有投资者卖出，从而造成价格继续下跌。

价格经过一波急跌之后，价格虽有反弹，但仍在均价线下方，所以，每次快速反弹，都是卖出机会。

> 提醒：均价线的波动相对稳定，改变分时线的趋势相对容易，但扭转均价线的趋势却比较难。所以，一旦均价线下行，就要坚持空单等待。

5.3.3 利用均价线捕捉做多点位

如果价格处于明显的上涨趋势中，这里的均价线就成为多方的一个重要动态支撑位置。即每当价格回落到均价线附近时，价格就会再度得到支撑而上涨。有时价格会回落到均价线下方，但很快就会再回到均价线上方，因为均价线的方向是很难改变的。

所以，当均价线趋势向上时，分时线回落到均价线附近时，可以利用均价线捕捉做多位置。

利用均价线捕捉做多点位有以下三种情况。

第一种：价格回调的低点与均价线完全重合，并由此开始上涨。

第二种：价格回调的低点离均价线略有一些距离，并未挨到均价线，这是最强势的支撑形态。

第三种：价格回调的低点跌破均价线，但很快又重新回到均价线的上方。

图5.17所示为伯特转债（113626）2021年11月22日的分时走势图。

伯特转债（113626）2021年11月22日开盘略高开，然后就是一波快速上涨。快速上涨之后，出现了两波回调，正好回调到均价线上，即A处和B处。所以，A处和B处都是新的做多位置。

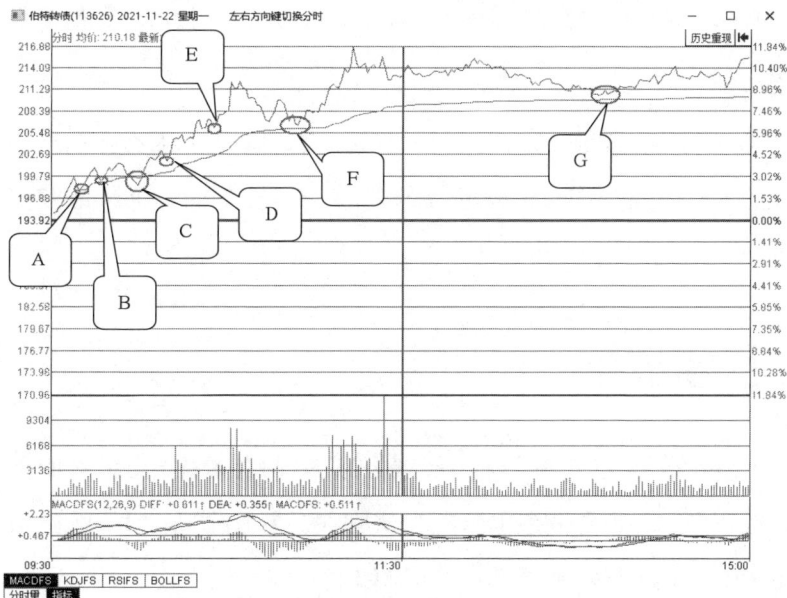

图5.17　伯特转债（113626）2021年11月22日的分时走势图

在C处，价格先是跌破均价线，但很快又重新站上均线价，这表明价格仍会上涨，所以，C处也是不错的做多位置。

随后价格继续震荡上涨，表现为强势，即价格回调到均价线上方，就再度上涨，所以，D处和E处，仍可以关注做多机会。

可转债价格经过一波明显的上涨后，由于离均价线较远，所以，出现了较长时间、较大幅度的回调，但价格仍在均价线上方。在F处，价格再度企稳，所以，F处是不错的做多位置。

随后价格再度上涨，这一波上涨结束后，就开始长时间的高位横盘，但价格始终在均价线上方，所以，仍是看涨行情，G处仍是不错的做多位置。

5.4　分时图的量能应用技巧

量价关系是"量是因，价是果；量在先，价在后"，成交量是价格变动的内在动力。所以，我们在分析分时图的分时线、均价线走势时，不能忽略对成交量的分析。

当可转债价格波动时，如果没有成交量的有效配合，那么当前价格的趋势性就一定很差。前面我们对价格的波动进行了分析，下面详细讲解成交量的分析方法。

5.4.1　上涨量能分析

可转债价格如果在上涨过程中得到成交量的有效配合，那么价格就会越涨越高，持有多单，就会带来丰厚的投资回报。在上涨过程中，成交量的有效配合到底是什么呢？其实就是两点，具体如下：

第一，在可转债价格上涨时，成交量要求连续并且温和地放大，价格涨得越高，成交量放得越大。

第二，在上涨途中，价格出现调整走势时，成交量要明显地萎缩，调整结束，价格再度上涨时，要求成交量再度温和连续放量。

可转债价格在上涨过程中，只要成交量保持这种技术形态，一定要耐心持有手中的多单，直到成交量的形态发生明显改变，这样就可以实现盈利最大化。

图5.18所示为起步转债（113576）2021年11月9日的分时走势图。

起步转债（113576）在2021年11月9日出现了大幅上涨的走势，很难想象，如果没有成交量的有效配合，价格可以出现这样的上涨行情。

9:00开盘后，价格就开始沿着均价线震荡上涨，注意：每一小波上涨都是放量的，即A处、B处和C处，而上涨后出现的小幅回调是缩量的，这表明上涨量能形态非常完美，价格仍会继续上涨。

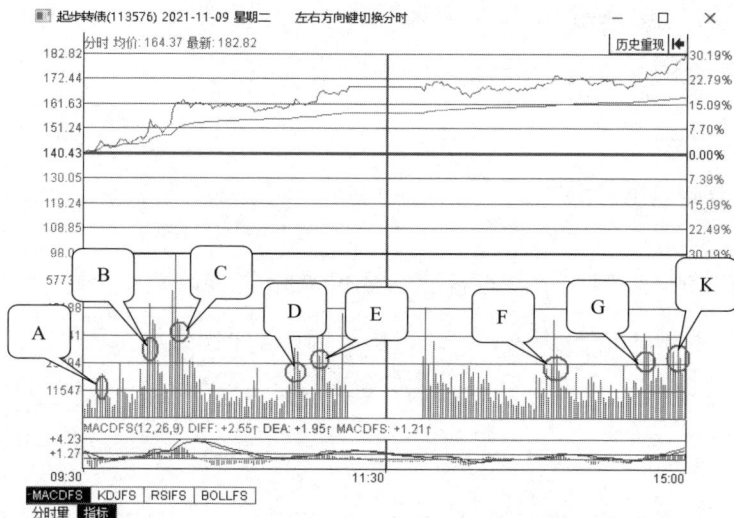

图5.18　起步转债（113576）2021年11月9日的分时走势图

价格经过几波上涨之后，出现了横盘走势，注意：这里成交易是缩量的，并且价格始终在均价线上方，这表明价格充分调整后，仍会上涨。

价格充分调整后，又开始上涨，并且上涨放量，即D处和E处，回调缩量，上涨量能形态良好。在11:15时，价格涨停，即上涨了20%。可转债价格上涨20%，需要停牌30分钟，所以13:15时，价格才复牌交易。

可转债价格复牌后，略做调整，然后继续上涨，并且上涨量能形态良好，即上涨放量，如F处、G处和K处，回调缩量。

价格上涨时，成交量出现放大的状态，并且价格涨得越高，成交量放得越大，这种量能形态说明，资金高度认可价格的上涨。因此，每一次价格上涨，都会吸引一批资金入场做多，而新入场的资金又给价格提供了新的上涨动力，从而形成一种量价良性循环状态。

在价格上涨时，成交量不断放大，这只是量能有效配合的一部分。价格上涨时，难免会出现回调走势，调整时，成交量是否萎缩也是相当关键的。从图5.18来看，每次调整，成交量均出现不同程度的缩量现象。

上涨放量、调整缩量，调整结束时成交量再度放大，这是价格上涨时，成交量有效配合的形态特征。

5.4.2　下跌量能分析

可转债价格如果在下跌过程中得到成交量的有效配合，那么价格就会越跌越深，持有多单的投资者，一定要及时果断卖出，否则会损失就越来越惨重。那么，在下跌过程中，成交量的有效配合到底是什么呢？其实也是两点，具体如下：

第一，在可转债价格下跌时，成交量要求连续并且温和地放大，价格跌得越深，成交量放得越大。

第二，在下跌途中，价格出现反弹走势时，成交量要明显萎缩，反弹结束，价格再度下跌时，要求成交量再度温和连续放量。

可转债价格在下跌过程中，只要成交量保持这种技术形态，一定要耐心空仓等待，直到成交量的形态发生明显改变。

> 提醒：下跌放量、反弹缩量，反弹结束时成交量再度放大，这是价格下跌时，成交量有效配合的形态特征。

第 6 章

可转债的单根K线实战技巧

K线是最基本的市场交易价格的统计方式，是技术分析的基础。利用K线可以捕捉买卖双方力量的对比，可以预测价格未来的走势，把握买入和卖出时机。

本章主要内容包括：

➤ 触底大阳线实战技巧

➤ 突破大阳线实战技巧

➤ 见顶诱多大阳线实战技巧

➤ 大阴线实战技巧

➤ 长十字线实战技巧

➤ 螺旋桨实战技巧

6.1 大阳线实战技巧

根据实体和影线的特征,大阳线可分为四种,分别是光头光脚大阳线、光头大阳线、光脚大阳线、穿头破脚大阳线。

1. 光头光脚大阳线

光头光脚大阳线是指最高价与收盘价相同,最低价与开盘价一样,即没有上下影线,并且阳线的实体不能小于6%的涨幅,如图6.1所示。

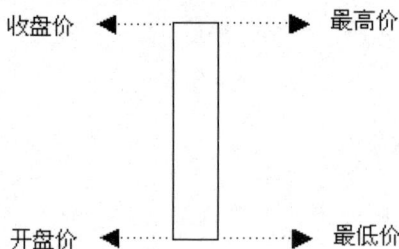

图6.1　光头光脚大阳线

光头光脚大阳线的技术含义是:价格从当日开盘,市场中的买方就积极进攻,中间也可能出现买卖双方的争斗,但买方发挥最大力量,一直到收盘。买方始终占优势,使价格一路上涨,直到收盘。

光头光脚大阳线的分析要点是:价格具有强烈的涨势,市场中的买方疯狂涌入,不限价买进。手中持有筹码的投资者,因为看到买盘力量的强大,不愿抛售并持筹待涨,从而出现供不应求的状况。

> 提醒:阳线的实体越长,表示买方力量越强。

2. 光头大阳线

光头大阳线是指最高价与收盘价相同,最低价低于开盘价,有下影线,但没有上影线,并且阳线的实体不能小于6%的涨幅,如图6.2所示。

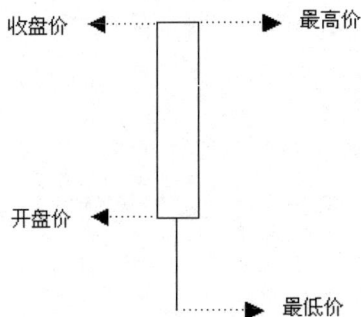

图6.2　光头大阳线

光头大阳线的技术含义是：市场开盘后，卖盘力量较大，价格下跌，即跌破开盘价。但在某低价位得到买方的支撑，卖方受挫，价格向上推过开盘价，一路上涨，直至收盘，收盘价在最高价上。

光头大阳线的分析要点：总体来讲，价格出现先跌后涨，买方力量较强大，但下影线的长短不同，买方与卖方力量对比不同。具体来讲，第一，下影线较短，表明价格下跌不多就受到买方支撑，价格上推，在涨过开盘价后，又开始推进，表明买方实力很强；第二，下影线较长，表明买卖双方交战激烈，但总体上是买方占主导地位，对买方有利。

3. 光脚大阳线

光脚大阳线是指最高价大于收盘价，最低价与开盘价一样，有上影线，但没有下影线，并且阳线的实体不能小于6%的涨幅，如图6.3所示。

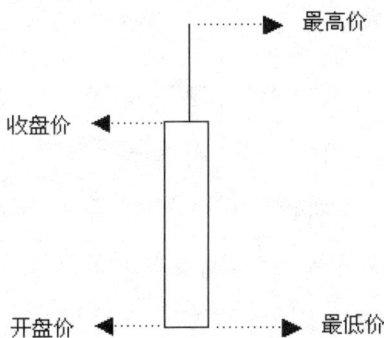

图6.3　光脚大阳线

光脚大阳线的技术含义：市场开盘后，买方力量较强，价格一路上涨，但在高价位遇到卖方压力，从而使价格上升受阻。卖方与买方交战结果是买方略胜一筹。

光脚大阳线的分析要点：总体来说，价格出现先涨后跌，买方力量较大，虽然在高价位遇到阻力，部分多方筹码获利回吐，但买方仍是市场的主导力量，后市继续看涨。

4. 穿头破脚大阳线

穿头破脚大阳线是指最高价大于收盘价，最低价小于开盘价，带有上下影线，并且阳线的实体不能小于6%的涨幅，如图6.4所示。

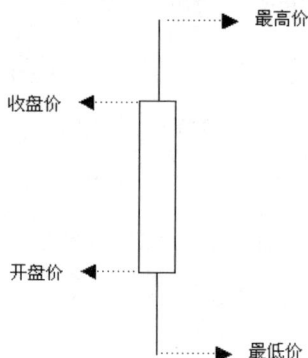

图6.4　穿头破脚大阳线

穿头破脚大阳线的技术含义：市场开盘后，价格下跌并且跌破开盘价，遇买方支撑，双方争斗后，买方力量增强，价格一路上涨，但在收盘前，部分买方获利回吐，在最高价之下收盘。

穿头破脚大阳线的分析要点：如果在大涨之后出现，表示高位震荡，如果成交量放大量，后市很可能会下跌。如果在大跌后出现，后市可能会反弹。这里上下影线、实体的不同又可分为多种情况：第一，如果上影线长于实体，表明买方力量受挫折，如果实体长于上影线，表明买方虽受挫，但仍占优势；第二，如果下影线长于实体，表明买方尚需接受考验，如果实体长于下影线，表明买方虽受挫，但仍居于主动地位。

6.1.1　触底大阳线实战技巧

无论是短期底部，还是中期底部，可转债常常是以大阳线确定底部区域，但投资者要时时注意主力在下跌行情中出现的假触底大阳线，如果一不小心碰到了假触底大阳线，要及时止损出局，否则很可能被深深地套牢。

1. 下跌行情中的触底大阳线

图6.5所示为万青转债（127017）2021年5月28日至2021年9月23日的日K线图。

图6.5　万青转债（127017）2021年5月28日至2021年9月23日的日K线图

万青转债（127017）的价格经过一波明显的下跌之后，创出109.800元低点，然后在低位反复震荡。经过一个多月时间的震荡之后，在A处拉出一根大阳线，这是一根触底大阳线，所以，手中有多单的投资者可以耐心持有，没有多单的投资者，可以沿着均线看多、做多。

需要注意的是，A处的大阳线，同时站上5日、10日和30日均线，从均线上来看也是明显的做多信号，可以以大阳线的低点为止损，或以109.8元为止损，逢低做多。

从其后的走势可以看到，在A处做多的投资者，只要耐心持有，就会有相当丰厚的投资收益。

2. 上涨行情中的触底大阳线

图6.6所示为一品转债（123098）2021年10月29日至2022年1月10日的日K线图。

图6.6　一品转债（123098）2021年10月29日至2022年1月10日的日K线图

一品转债（123098）在明显的上涨行情中，价格出现回调，但需要注意的是，价格仍在30日均线上方，这时在A处一根大阳线，这是上涨行情中的触底大阳线，所以，在A处可以关注做多机会。同时还要注意，A处的大阳线同时站上5日和10日均线，从均线上来看也是明显的看多信号。

价格经过一波上涨之后，再度震荡回调。在B处，价格正好回调到30日均线，再度拉出一根大阳线，虽然该大阳线没有站上5日和10日均线，但价格在30日均线附近企稳，所以，B处可以做多，止损放在30日均线附近即可。

同理，在C处的大阳线也可以做多。

从其后的走势来看,在A、B处和C处做多,只要耐心持有,就会有不错的投资收益。

6.1.2　突破大阳线实战技巧

可转债的价格在突破重要阻力位时,常常是放量拉大阳线,但投资者要明白主力在操盘时是相当狡猾的,所以,投资者要认真识别大阳线,分清是真突破大阳线还是假突破大阳线。

1. 上涨行情初期的突破大阳线

图6.7所示为维格转债(113527)2020年10月23日至2021年4月27日的日K线图。

图6.7　维格转债(113527)2020年10月23日至2021年4月27日的日K线图

维格转债(113527)的价格经过长时间、大幅度的下跌后,创出75.35元低点。需要注意的是,在创出低点这一天,价格收出一根带有下影线的锤头线,这是一根见底K线,所以,不要再盲目看空。

随后价格开始震荡上涨，先是站上5日均线，然后又站上10日均线，最后站上30日均线，这样慢慢均线就变成多头排列，即进入上涨行情中。

在上涨行情的初期，可转债的价格先是在30日均线附近窄幅震荡，然后沿着5日和10日均线小幅度慢慢上涨。需要注意的是，上涨行情的初期，价格上涨的速度很慢，当然回调的空间也较小。

在A处，可转债的价格拉出一根大阳线，这是上涨行情初期的突破大阳线，即突破了前期高点。放量向上突破，意味着新的上涨行情开始，所以，手中持有筹码的投资者，以耐心持有为主。空仓的投资者，可以在A处买进，这样短时间内就会有相当丰厚的投资收益。

2. 上涨行情后期的假突破大阳线

图6.8所示为海兰转债（123086）2021年7月29日至2021年12月23日的日K线图。

图6.8　海兰转债（123086）2021年7月29日至2021年12月23日的日K线图

海兰转债（123086）的价格在A处，出现一根突破大阳线，注意：这里是放量突破的，并且前期调整很充分，所以，A处可以顺势跟进多单。从其后走势来看，在A处买进，耐心持有，会有不错的投资收益。

A处价格突破之后，沿着5日均线继续上涨。经过一波上涨之后，出现了回调，回调到30日均线附近，价格再度上涨，但上涨到前期高点附近，价格再度震荡，但回调幅度很小。

小幅回调之后，再度上涨，在B处拉出一根大阳线。B处这根大阳线可以跟进做多吗？首先看成交量，成交量有所放大，但总的来看，成交量还不够大，最好观察几天再跟进得好。

按"→"键，可以向右移动日K线图，就可以看到其后几天的走势，如图6.9所示。

图6.9　海兰转债（123086）大阳线后的走势

由图6.9可以看到，大阳线向上突破后，第二个交易日创出306.527元高点。但需要注意的是，在创出高点这一天，价格收出一根中阴线。接着就是低开低走，收出一根大阴线，同时跌破5日、10日和30日均线，这表明向上突破是诱多，主力的真正目的是下跌，所以，投资者如果手中还有多单，要及时卖出，否则会损失惨重。

3. 整理行情中的大阳线

图6.10所示为本钢转债（127018）2021年5月7日至2021年7月15日的日K线图。

图6.10　本钢转债（127018）2021年5月7日至2021年7月15日的日K线图

本钢转债（127018）的价格在97~102元反复震荡。横盘盘整行情为2个多月时间。横向盘整后，到底是继续下跌呢？还是开始新的一波上涨呢？

在A处，即2021年7月15日，一根大阳线向上突破，需要注意的是，虽然成交量有所放大，但放的量不够大，后市很可能会出现震荡。

按"→"键，可以向右移动日K线图，即可看到其后的走势，如图6.11所示。

图6.11　本钢转债（127018）大阳线后的走势

由图6.11可以看到，大阳线突破上方压力后，该压力就变成支撑。从大阳线向上突破后的几天走势来看,价格虽然震荡回落,但始终在支撑上,这表明价格企稳后,仍会继续上涨。

4. 下跌行情中的诱多大阳线

图6.12所示为太极转债(128078)2020年7月29日至2021年2月5日的日K线图。

图6.12　太极转债(128078)2020年7月29日至2021年2月5日的日K线图

太极转债(128078)的价格经过一波反弹上涨,创出160.368元高点。但需要注意的是,创出高点这一天,价格收出一根高开的中阴线,这表明上方压力较大。随后价格开始在均线附近震荡几天,然后开始沿着均线出现一波明显的下跌行情。

经过一波明显的下跌之后,太极转债(128078)的价格开始横盘整理,即在126~138元震荡三个多月,随后价格拉出一根大阳线向上突破,即A处。

需要注意的是,A处的大阳线向上突破,成交量虽有放量,但放量太小,所以,要谨防主力诱多。从其后的走势可以看出,价格向上突破后,并没有快速上涨,而是继续震荡,经过几个交易日的震荡之后,再度出现波段下跌。

6.1.3　见顶诱多大阳线实战技巧

主力要在高位派发获利筹码，就要制造做多的热烈气氛，引诱中小散户在高位抢筹接盘，否则主力把获利筹码派发给谁，又如何在高位实现胜利大逃亡呢？主力最常用的逃顶方法之一，就是拉大阳线诱多出货，这时的大阳线不是加仓信号，而是果断卖出信号，下面进行详细讲解。

1. 见顶诱多大阳线出货的特点

见顶诱多大阳线出货是主力逃顶时最常用的招数，投资者对此一定要高度警惕。该出货方法的特征有五点，具体如下：

第一，在大阳线出现前，价格处于相对平稳的上升途中；

第二，突破在某一日或几日出现低开高走，并拉出大阳线（少数情况下，大阳线封至涨停，但其阳线的实体相对较短，可视为大阳线的变化形态）；

第三，大阳线后价格出现了冲高回落或形成了短期横盘走势；

第四，在大阳线出现当日及随后的一段时间里，成交量开始明显放大；

第五，大阳线后价格重心出现下移的迹象。

投资者在K线图中发现，在高位拉出大阳线后出现上述特征，就基本上可以确定主力是在利用大阳线进行诱多出货。一旦主力完成筹码的派发任务，行情就会开始回落，甚至急转直下。

根据多年的实战经验，见顶诱多大阳线出货这一招成功概率很高，上当的投资者很多，特别是中小散户。正因为这一招屡试不爽，所以，主力对此招情有独钟，不断用它来进行胜利逃顶。

2. 拉大阳线诱多出货

图6.13所示为晶瑞转债（123031）2021年6月30日至2022年1月21日的日K线图。

图6.13　晶瑞转债（123031）2021年6月30日至2022年1月21日的日K线图

晶瑞转债（123031）的价格经过长时间、大幅度的上涨后，在高位又连接大阳线拉涨，即A处。但需要注意的是，最后两根大阳线的成交量在不断减少，这意味着主力在拉高出货，所以，投资者要注意逢高减仓。

随后价格在高位震荡4个交易日后，开始下跌，先是跌破5日均线，然后又跌破10日均线，最后跌破30日均线。需要注意的是，价格跌破30日均线后，有一个大阳线反弹，即B处，这也是一根诱多大阳线，投资者看到该大阳线，要注意卖出手中的筹码，千万不要认为主力又要拉升了。

同理，在C处，也是反弹诱多大阳线，也是抄底筹码卖出的位置。

图6.14所示为维尔转债（123049）2020年7月1日至2021年2月8日的日K线图。

维尔转债（123049）主力也是频繁利用拉大阳线诱多出货。几个重要的高点都是拉出大阳线后出现的。奇怪的是，主力使用这一招竟连连得手，所以，对这一现象，投资者要高度重视。还有一些主力，极力烘托做多气氛，便于有充分的时间来派发高位筹码，常常间断集中使用拉大阳线诱多出货。

拉大阳线诱多出货，投资者要清醒认识其欺骗性，为了防范这方面的风险，避免陷入主力的圈套，下面简述应对的四项策略。

图6.14　维尔转债（123049）2020年7月1日至2021年2月8日的日K线图

第一，将主力拉大阳线诱多出货的常见图形熟记于心，这样日后见到类似的K线图就能立即引起警惕，不至于在高位被深度吃套。

第二，严格按照大阳线买卖规则进行操作，如高位大阳线的开盘价被击穿，就要第一时间止损，一定不能存在侥幸心理，不能果断止损出局，这样就会越套越深。

第三，对于盘中的一些重要现象要密切注意，如突然在高位拉出大阳线，并且以后几天的成交量明显放大，这不是什么好现象，还有在高位拉出大阳线后出现横盘，并且成交量相对较大。

第四，要认真、仔细地观察盘面变化，寻找主力出货的规律。投资者要注意盘面细节的变化，就能发现许多主力隐藏在背后的秘密，如有很多主力在操盘时有个习惯，第一次用这个方法取得成功，那么第二次、第三次仍然会故技重施。所以，只要熟悉主力的操盘习惯，就可以跟随操作，从而实现获利。

6.2　大阴线实战技巧

按实体和影线特征，大阴线一般可分为光头光脚大阴线、光头大阴线、光脚大阴线、穿头破脚大阴线。大阴线的图形如图6.15所示。

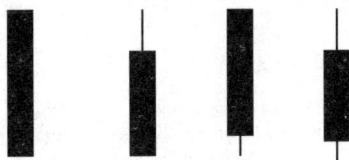

图6.15　大阴线

6.2.1　大阴线的图形概述

某个交易日，可转债的价格大幅下跌，收盘价明显低于开盘价，就会收出一根大阴线。通常单日大阴线的实体波动幅度为6%以上，它的实体非常长，而上下影线很短或者根本没有。它的出现一般表示卖盘强劲，空方始终占据优势。

6.2.2　大阴线的技术意义

大阴线的力度大小与其实体长短成正比，即阴线实体越长，力度越大。大阴线的出现，对多方来说是一种不祥的预兆。但事情又不是那么简单，我们不能把所有的大阴线都看成是后市向淡的信号，有时大阴线出现后，价格不跌反涨。如何对大阴线进行判断呢？如果价格经过大幅拉升后出现大阴线，这表示价格回调或做头部，应该卖出手中的筹码。如果价格经过大幅下跌后出现大阴线，暗示做空能量已经释放得差不多了，根据"物极必反"的原理，此时要弃卖而买，考虑做多。

6.2.3　大阴线的实战操作注意事项

大阴线的实战操作注意事项，具体如下：

第一，价格经过长时间的大幅上涨之后出现大阴线，这表明多方力量已衰竭，空方力量开始聚集反攻，所以，及时减仓或清仓出局观望为好。

第二，价格探明高点后，开始震荡下跌，在下跌过程中出现反弹，在反弹过程中出现大阴线，这表明市场主力出货完毕，如果手中还有筹码，要及时卖出。

第三，价格经过长时间大幅度的下跌后，又开始加速下跌赶底，这时连续出现大阴线，表明主力在利用大阴线影响散户，这里不是卖点，反而是等待企稳信号，然后开始进场做多。

第四，如果价格已经过长时间大幅度的下跌，然后探明了底部，开始震荡上升，在上升初期，如果出现了大阴线，短线可以减仓回避风险，中线可以持仓不动。

6.2.4 大阴线实战案例

图6.16所示为晶科转债（113048）2021年7月29日至2021年10月12日的日K线图。

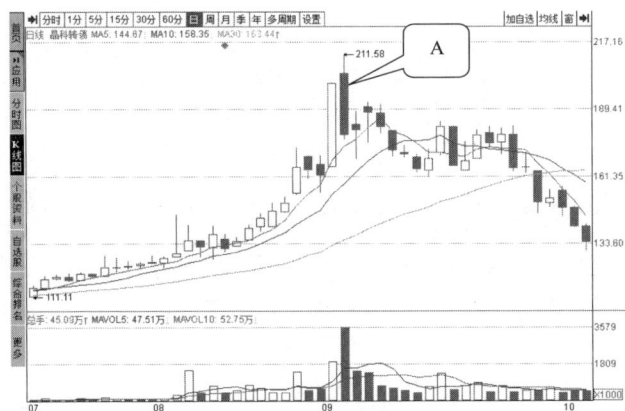

图6.16 晶科转债（113048）2021年7月29日至2021年10月12日的日K线图

晶科转债（113048）的价格经过较长时间、较大幅度的上涨之后，创出了211.58元高点。但需要注意的是，在创出高点这一天，价格收出一根大阴线，即A处，这表明主力已经在出货了。

A处大阴线后，价格在高位震荡，经过十几个交易日的震荡后，就跌破了30日均线，开始了一波明显的下跌行情。

图6.17所示为迪龙转债（128033）2021年5月26日至2021年10月27日的日K线图。

图6.17　迪龙转债（128033）2021年5月26日至2021年10月27日的日K线图

迪龙转债（128033）经过长时间上涨后，创出187元高点，但创出高点这一天收出一根大阴线，这表明主力在高位卖出。

随后价格就开始下跌，先是跌破5日均线，然后又跌破10日均线，最后又跌破30日均线。价格跌破30日均线后，继续下跌。

一波明显的下跌结束后，价格出现反弹。震荡反弹几个交易日后，拉出一根大阳线诱多，接着就是一根大阴线，即B处，这是反弹结束的标志，所以，有抄底多单的投资者要及时卖出。

同理，在C处，也是反弹结束标志的大阴线，也是抄底多单卖出的位置。

图6.18所示为孚日转债（128087）2020年11月19日至2021年3月29日的日K线图。

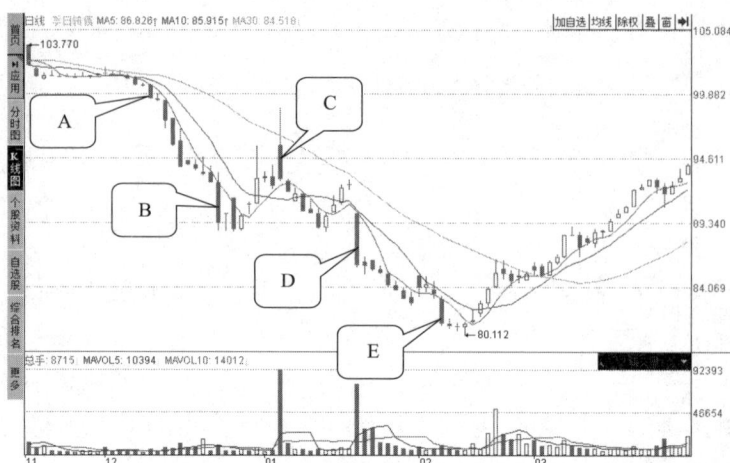

图6.18　孚日转债（128087）2020年11月19日至2021年3月29日的日K线图

孚日转债（128087）经过十几个交易日的窄幅震荡后，在A处一根大阴线杀跌，开始新的一波下跌行情。连续下跌之后，在B处出现加速下跌大阴线，这表明短线可能见底。

随后价格开始反弹，反弹几个交易日后，反弹到30日均线附近，再度出现大阴线，即C处，这表明反弹结束大阴线，有没抄底多单的投资者，要及时卖出。

随后可转债价格继续震荡，在D处，又出现一根大阴线，这是新的一波下跌的开始。经过十几个交易日的下跌之后，在E处再度出现大阴线，这是加速下跌大阴线，是市场主力在影响散户，让散户交出低廉的筹码。主力一旦吸货完毕，就会大幅拉升。

图6.14所示为百川转债（128093）2021年4月23日至2021年7月30日的日K线图。

百川转债（128093）的价格经过长时间、大幅度的下跌之后，探明底部后开始震荡上涨。在震荡上涨行情的初期，价格是沿着均线震荡上涨的。只要均线良好，出现大阴线，投资者不要恐慌，这是主力在洗盘，即清除短线获利筹码，中长线投资者可以不理会这种阴线。

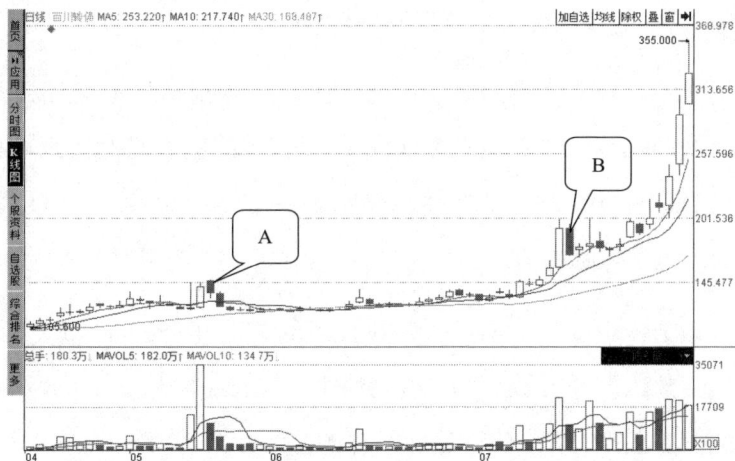

图6.19　百川转债（128093）2021年4月23日至2021年7月30日的日K线图

6.3　长十字线实战技巧

长十字线的特征：开盘价和收盘价相同或基本相同，而上影线和下影线特别长。长十字线的图形如图6.20所示。

图6.20　长十字线

6.3.1　长十字线的技术意义

长十字线的开盘价和收盘价相同或几乎相同，但有很长的上下影线，这表明该交易日多空双方进行了一场大激战。前期低位买进的投资者在向外卖，而看好该可转债的投资者在拼命地买，这样在开盘价上方就出现抛压，所以价格上不去，在开盘价下方又有人在买进，价格下不来，就打成一个平手。

长十字线是一种不同凡响的趋势反转信号，特别是当市场处在一个重要的转折点，或正处在牛市或熊市的晚期阶段，或当时已有其他技术指标出现警告信号，这时宁可错过，也不能漏过，因为遇上一个虚假的警告信号，总比漏过一个真正的危险信号强得多。

在上升趋势中出现长十字线，特别是价格有了一段较大涨幅之后出现，暗示价格见顶回落的可能性大。在下跌趋势中出现长十字线，特别是价格有了一段较大跌幅之后出现，暗示价格见底回升的可能性大。

6.3.2　长十字线的实战操作注意事项

长十字线的实战操作注意事项，具体如下：

第一，价格经过长时间、大幅度的下跌之后，然后出现长十字线，这表明空方力量已衰竭，多方力量开始聚集反攻，可以轻仓介入，然后再顺势加仓。

第二，价格探明底部区域后，开始震荡上升，在上涨过程中出现回调，在回调过程中出现长十字线，这表明短线获利筹码已被清洗完毕，主力重新入场做多，这是重仓买进的大好时机。

第三，价格经过长时间的上涨之后，进入高位区域，然后又进行最后疯狂的拉升，在其末端出现长十线，这表明上涨行情很可能要结束，要及时获利出局观望。

第四，价格在高位震荡过程中出现长十字线，如果手中还有筹码，也要及时出局观望。

第五，价格在高位区域震荡后，开始下跌，特别是在下跌初期，出现长十字线，不要轻易进场抢反弹，最好的策略是观望。

6.3.3　长十字线实战案例

图6.21所示为兴森转债（128122）2020年12月7日至2021年7月8日的日K
线图。

图6.21　兴森转债（128122）2020年12月7日至2021年7月8日的日K线图

兴森转债（128122）的价格经过长时间、大幅度的下跌之后，创出93.465
元低点。需要注意的是，在创出低点这一天，价格收出一根长十字线，即A处。

A处的长十字线，是可转债价格转势向上的信号，所以，如果这时投资者
还有筹码，就不要再卖了。如果当前空仓，手中有资金，则可以关注买进机会。

从其后走势来看，创出93.465元低点后，价格就开始震荡上升。虽然上涨
初期涨幅很小，但总的来看，价格的重心在上移。需要注意的是，上涨行情的
初期，不会上涨太快，常常是"三步一回头"走势。

图6.22所示为润建转债（128140）2021年7月6日至2021年11月19日的日
K线图。

润建转债（128140）在明显的上涨行情中，出现回调，出现长十字线是调
整结束的信号，是比较好的买进机会。

图6.22　润建转债（128140）2021年7月6日至2021年11月19日的日K线图

在A处，价格虽然在震荡回调，但回调幅度很小，并且价格始终在30日均线上方，这意味着回调结束后仍会继续上涨，所以，A处的长十字线是较好的买入时机。

同理，B处的长十字线也是较好的买入时机。

图6.23所示为高澜转债（123084）2021年6月22日至2022年2月15日的日K线图。

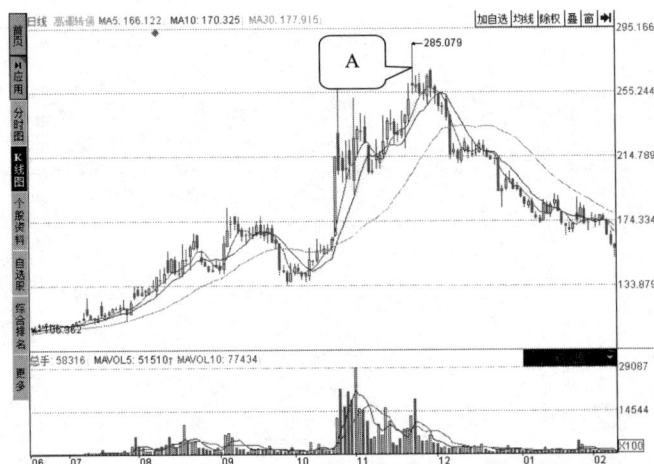

图6.23　高澜转债（123084）2021年6月22日至2022年2月15日的日K线图

高澜转债（123084）的价格经过长时间、大幅度的上涨之后，创出285.079元高点。需要注意的是，价格在创出高点这一天，收出一根长十字线，即A处，这是一根转势信号K线，即由上涨趋势转为下跌趋势。所以，在A处，手中还有筹码的投资者要及时卖出。

从其后的走势可以看出，价格在高位几个交易日后，就开始趋势性下跌，不及时卖出的投资者，可以由大盈利变成小盈利，甚至由盈利变成亏损。

图6.24所示为宏川转债（128121）2021年9月17日至2022年2月14日的日K线图。

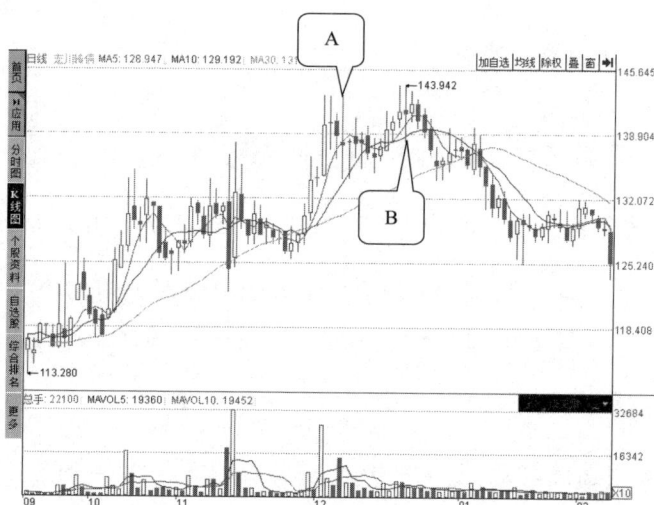

图6.24　宏川转债（128121）2021年9月17日至2022年2月14日的日K线图

宏川转债（128121）经过几波震荡上涨之后，在高位震荡。在高位震荡过程中，反复出现长十字线，即A处和B处，这表明主力在利用拉高出货，而散户在追高买进，一旦主力出货完毕，就会迎来下跌行情，所以，A处和B处的长十字线，都是卖出信号，投资者如果手中还有筹码，要及时卖出。

从其后的走势可以看出，价格在高位震荡后就开始震荡下行，不及时卖出的投资者，就会由大盈利变成小盈利，甚至变成亏损。

图6.25所示为闻泰转债（110081）2021年11月22日至2022年2月15日的日K线图。

图6.25　闻泰转债（110081）2021年11月22日至2022年2月15日的日K线图

闻泰转债（110081）的价格经过连续大幅上涨后，创出169.89元高点。需要注意的是，在创出高点这一天，价格收出一根带有较长上影线中阳线，虽然是中阳线，但长长的上影线表明已有主力在拉高出货了。

随后价格在高位震荡，经过十几个交易日的震荡之后，价格开始下跌，在下跌初期出现长十字线，往往意味着价格还会继续下跌。所以，A处和B处的长十字线，是卖出信号，不是买进信号。

6.4　螺旋桨实战技巧

螺旋桨的开盘价、收盘价相近，其实体可为小阳线，也可为小阴线。螺旋桨的上影线和下影线都很长，看起来就像飞机的螺旋桨，故命名为"螺旋桨"，如图6.26所示。

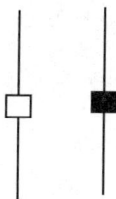

图6.26   螺旋桨

6.4.1   螺旋桨的技术意义

螺旋桨是一种转势信号。它在上升行情中,特别是价格有了一段较大涨幅后,螺旋桨所起的作用是领跌。反之,在下跌行情中,特别是价格有了一段较大的跌幅后,螺旋桨所起的作用是领涨。螺旋桨的实体是阳线或是阴线,实质上没有本质区别,但在上涨行情中,阳线比阴线力量要大;在下跌行情中,情形正好相反。

6.4.2   螺旋桨的实战操作注意事项

螺旋桨的实战操作注意事项,具体如下:

第一,价格经过长时间、大幅度的下跌后,出现了螺旋桨,这表明空方力量已衰竭,多方力量开始聚集反攻,可以轻仓介入,然后再顺势加仓。

第二,价格探明底部区域后,开始震荡上升,在上涨过程中出现回调,在回调过程中出现螺旋桨,这表明短线获利筹码已被清洗完毕,主力重新入场做多,这是重仓买进的大好时机。

第三,价格经过长时间上涨后,进入高位区域,然后又进行最后的疯狂拉升,在其末端出现螺旋桨,这表明上涨行情很可能要结束,应及时获利出局观望。

第四,价格在高位震荡过程中出现螺旋桨,如果手中还有筹码,就要及时出局观望。

第五，价格在高位区域震荡后，开始下跌，特别是在下跌初期，出现螺旋桨，不要轻易进场抢反弹，最好的策略是观望。

6.4.3 螺旋桨实战案例

图6.27所示为三角转债（123114）2021年7月6日至2021年9月17日的日K线图。

图6.27　三角转债（123114）2021年7月6日至2021年9月17日的日K线图

三角转债（123114）的价格经过长时间、大幅度的上涨后，创出216.546元高点。在创出高点这一天，价格收出一根螺旋桨，即A处。这是转势信号，即由前期的上涨行情，转变成震荡下跌行情。

在A处，手中还有筹码的投资者，要及时卖出，否则盈利就会减少，甚至由盈利变亏损。

图6.28所示为乐普转2（123108）2021年4月20日至2021年8月20日的日K线图。

乐普转2（123108）的价格经过较大幅度的上涨后，创出133.508元高点。

需要注意的是，在创出高点这一天，价格收出一根带有较长上影线的中阳线，表明已出现卖出力量。

图6.28　乐普转2（123108）2021年4月20日至2021年8月20日的日K线图

随后价格在高位震荡，在高位震荡过程中，A处出现了螺旋桨，这是转势信号，意味着价格震荡要结束了，开始下跌，如果此时手中还有筹码，就要及时卖出。

从其后的走势可以看出，价格在高位又震荡三个交易日，然后就开始波段下跌。

图6.29所示为百川转债（128093）2021年8月9日至2021年12月27日的日K线图。

百川转债（128093）的价格经过长时间、大幅度的上涨后，创出490元高点。但在创出高点这一天，价格收出一根中阴线。随后价格开始震荡下跌，先是跌破5日均线，然后跌破10日均线，最后跌破30日均线。

价格跌破30日均线之后，又下跌几个交易日，开始反弹，反弹到30日均线附近，价格又出现螺旋桨，即A处，这是一个转势信号，即反弹要结束了，所以，有抄底多单的投资者，要及时卖出。

图6.29　百川转债（128093）2021年8月9日至2021年12月27日的日K线图

价格反弹结束后，开始波段下跌，这一波下跌结束后，又出现反弹。在B处出现螺旋桨，也是一个卖出信号，所以，抄底多单要及时卖出。

图6.30所示为杭电转债（113505）2021年1月28日至2021年4月26日的日K线图。

图6.30　杭电转债（113505）2021年1月28日至2021年4月26日的日K线图

杭电转债（113505）的价格经过长时间、大幅度的下跌后,创出92.31元低点。但需要注意的是,在创出低点这一天,价格收出一根螺旋桨,即A处,这是一个转势信号,即由前期的下跌趋势转变为上涨趋势。

在A处,如果投资者手中还有筹码,就不要再卖了。如果手中有资金,可以在A处买进,从其后的走势可以看到,及时买进的投资者,会有不错的投资收益。

图6.31所示为鼎胜转债（113534）2021年2月2日至2021年6月28日的日K线图。

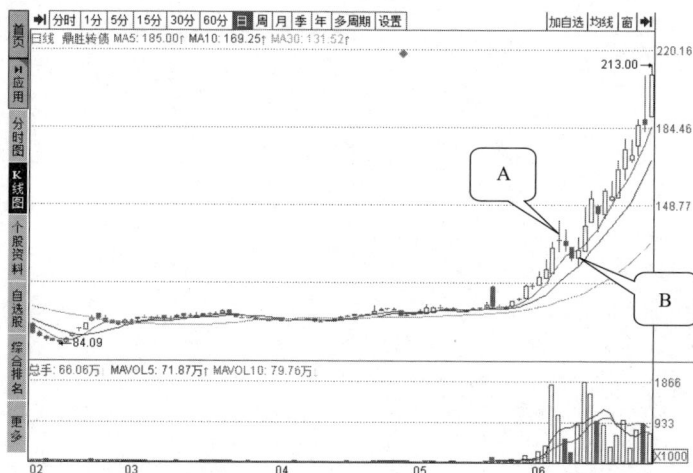

图6.31　鼎胜转债（113534）2021年2月2日至2021年6月28日的日K线图

鼎胜转债（113534）的价格经过长时间、大幅度的下跌后,创出84.09元低点。随后价格开始快速反弹,先是站上5日均线,然后站上10日均线,最后站上30日均线。

价格站上30日均线后,开始长时间的横盘整理。经过长达三个月的震荡后,价格再度沿着均线上涨。在上涨行情的初期,即在A处,出现了长十字线,这是一根转势K线,短线投资者可以减仓以应对风险。中线投资者可以耐心持仓,因为当前行情刚刚上涨,并且均线良好。

从其后的走势可以看出，价格回调三个交易日，正好回调到10日均线附近，出现螺旋桨K线，即B处，这是一个新的买入位置。在A处减仓的投资者，在B处要及时买入，否则就会错过后期的上涨行情。

第 7 章

可转债的K线组合实战技巧

K线组合的作用很大，利用K线组合就能判断可转债价格的运行趋势，可以准确地把握买入和卖出的时机，从而成为市场中的赢家。

本章主要内容包括：

➤ 早晨之星实战技巧
➤ 希望十字星实战技巧
➤ 好友反攻和曙光初现实战技巧
➤ 旭日东升实战技巧
➤ 平底和塔形底实战技巧
➤ 黄昏之星实战技巧
➤ 乌云盖顶、黑云压阵和倾盆大雨实战技巧
➤ 平顶和塔形顶实战技巧
➤ 两红夹一黑和多方尖兵实战技巧
➤ 上升三部曲和红三兵实战技巧
➤ 下探上涨形和蛟龙出海实战技巧
➤ 空方尖兵和降势三鹤实战技巧
➤ 黑三兵和高位出逃形实战技巧
➤ 两黑夹一红和断头铡刀实战技巧

7.1 见底K线组合实战技巧

利用见底K线组合,投资者可以把握建仓或加仓的最佳时机,从而为盈利奠定良好的基础。

7.1.1 早晨之星实战技巧

早晨之星,又称启明星,市场开始处于下降趋势中,第一个交易日是一根大阴线;第二个交易日是一根小阳线或小阴线;第三个交易日是一根阳线,它将市场推到第一个交易日阴线的价格变动范围内。在理想形态中,第二个交易日与第一个交易日的图形之间形成向下的跳空缺口,而第三个交易日的阳线与第二个交易日的小阳线或小阴线之间出现一个向上的跳空缺口,早晨之星如图7.1所示。

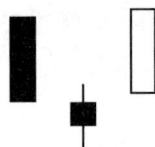

图7.1 早晨之星

早晨之星形成的心理分析:市场原本在已经确定的下降趋势中运行,一根大阴线的出现支持这种趋势,这样市场将在这一行为的带动下继续走熊;但第二个交易日市场向下跳空开盘,全天价格波动不大,最后价格又回到收盘价,这表明市场主力对未来的发展趋势犹豫不决;第三个交易日市场高开,并且买盘踊跃,继续向上推高价格,市场趋势反转信号出现。

早晨之星常见的变化图形如图7.2所示。

如果价格经过大幅度、长时间的下跌之后,出现早晨之星见底K线组合,投资者可以逢低跟进,止损位设在早晨之星的最低点即可。

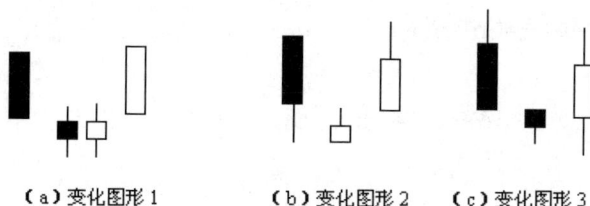

（a）变化图形1　　　（b）变化图形2　　（c）变化图形3

图7.2　早晨之星常见的变化图形

图7.3所示为精达转债（110074）2021年9月6日至2021年11月12日的日K线图。

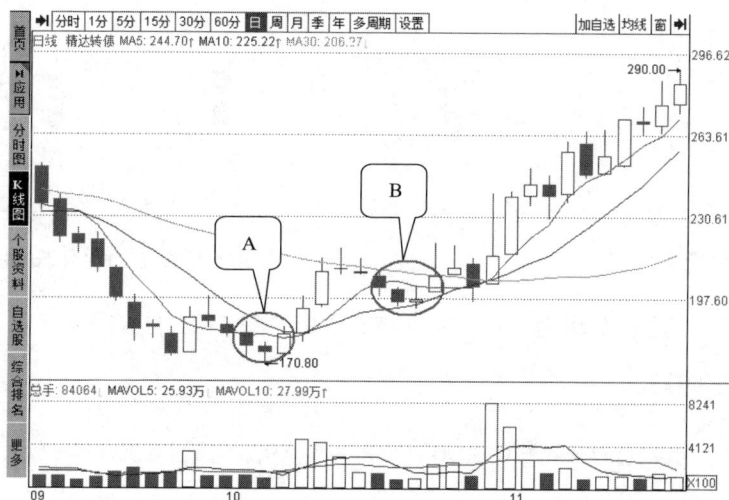

图7.3　精达转债（110074）2021年9月6日至2021年11月12日的日K线图

精达转债（110074）的价格经过快速下跌后，开始筑底。在A处出现了早晨之星见底K线组合，可以抄底做多，止损位放在早晨之星的最低点，即170.80元处。

价格在A处见底后，开始快速反弹上涨，上涨到30日均线附近，再度受压，出现回调，但在回调过程中，再度出现变形的早晨之星见底K线组合，即B处，B处也是抄底做多的好位置。

从其后的走势可以看到，在B处抄底做多的投资者，短时间内会有不错的投资收益。

7.1.2　希望十字星实战技巧

希望十字星，又称早晨十字星，出现在下跌趋势中，是由3根K线组成，第一根K线为阴线，第二根K线是十字星，第三根K线是阳线，并且第三根K线实体深入到第一根K线实体之内。希望十字星的标准图形如图7.4所示。

希望十字星的技术含义：价格经过大幅回落后，做空能量已大量释放，价格无力再创新低，呈见底回升态势，这是较明显的大市转向信号。希望十字星常见的变化图形如图7.5所示。

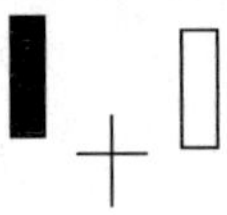

（a）变化图形1　（b）变化图形2　（c）变化图形3

图7.4　希望十字星 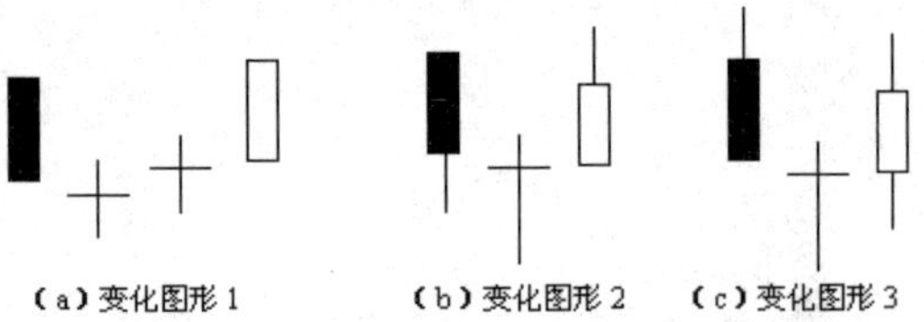　　　　图7.5　希望十字星常见的变化图形

希望十字星是见底信号，后市看涨，注意，第二根K线的上、下影线越长，见底信号越明显。

图7.6所示为强力转债（123076）2021年9月4日至2021年11月23日的日K线图。

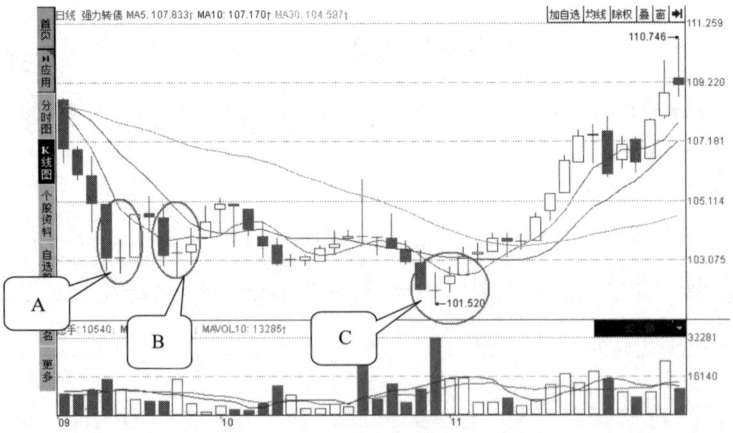

图7.6　强力转债（123076）2021年9月4日至2021年11月23日的日K线图

强力转债（123076）的价格经过一波快速下跌之后，在A处出现希望十字星，这是一个见底信号，投资者在这里就不要过分看空、做空。

随后价格在底部震荡，又在B处出现希望十字星。继续震荡，注意：价格始终在30日均线下方，所以，也不要轻易抄底，耐心等待底部完成。

主力在开始一波上涨之前，先是一根大阴线杀跌，并且跌破前期底部的低点，目的是让散户卖出手中的筹码。需要注意的是，大阴线之后，价格就收出一根十字线，随后开始震荡上涨，即在C处出现希望十字星见底K线组合。

价格继续上涨，最终站上30日均线，这样均线就慢慢变成多头排列，所以，有在C处抄底的投资者可以耐心持有。手中还有资金的投资者，可以在价格站上30日均线后，继续买入，这样短时间内就会有不错的投资收益。

7.1.3　好友反攻和曙光初现实战技巧

好友反攻，出现在下跌趋势中，是由一阴一阳两根K线组成，第1根K线是大阴线，第2根K线是跳空低开，收盘时却收出一根中阳线或大阳线，并且收在前一根大阴线的收盘价附近或相同位置上。好友反攻的标准图形如图7.7所示。

好友反攻也是一种常见的见底信号，它提示投资者不要再盲目看空了。好友反攻常见的变化图形如图7.8所示。

图7.7　好友反攻

图7.8　好友反攻的变化图形

曙光初现，出现在下跌趋势中，是由一阴一阳两根K线组成，先是出现一根大阴线或中阴线，然后出现一根大阳线或中阳线，并且阳线的实体深入到阴线实体的二分之一以上位置。曙光初现的标准图形如图7.9所示。

曙光初现的阳线实体深入阴线实体的部分越多，则见底转势信号越强。曙光初现的见底信号比好友反攻强，曙光初现常见的变化图形如图7.10所示。

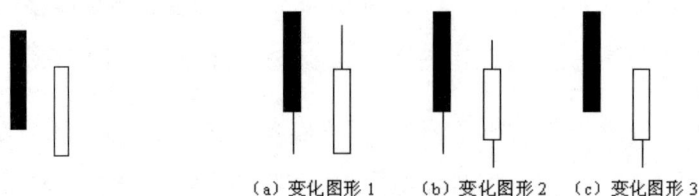

(a) 变化图形1　(b) 变化图形2　(c) 变化图形3

图7.9　曙光初现　　　　　图7.10　曙光初现常见的变化图形

图7.11所示为江银转债（128034）2021年11月24日至2022年2月9日的日K线图。

图7.11　江银转债（128034）2021年11月24日至2022年2月9日的日K线图

江银转债（128034）的价格在明显的上涨行情中，特别是在上涨初期，回调出现见底K线组合，投资者可以果断买进。

在A处，价格回调到30日均线附近出现曙光初现见底K线组合，这是比较好的买入位置，较长时间持有，就会有相当不错的投资收益。

价格经过一波明显上涨后，开始大幅震荡。在B处，价格回调到30日均线附近，出现好友反攻见底K线组合，也是比较好的做多位置。从其后的走势可以看到，短短几个交易日，就会有相当丰厚的投资收益。

7.1.4　旭日东升实战技巧

旭日东升，出现在下跌趋势中，是由一阴一阳两根K线组成，先是出现一根大阴线或中阴线，接着出现一根高开的大阳线或中阳线，并且阳线的收盘价已高于前一根阴线的开盘价，旭日东升的标准图形如图7.12所示。

旭日东升的阳线实体高出阴线实体的部分越多，则见底转势信号越强。旭日东升的见底转势信号比曙光初现和好友反攻都要强。旭日东升常见的变化图形如图7.13所示。

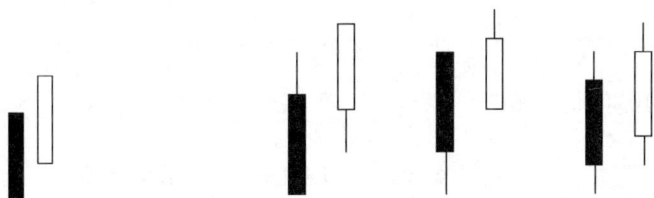

（a）变化图形1　（b）变化图形2　（c）变化图形3

图7.12　旭日东升　　　　　图7.13　旭日东升常见的变化图形

图7.14所示为中矿转债（128111）2021年9月24日至2021年12月3日的日K线图。

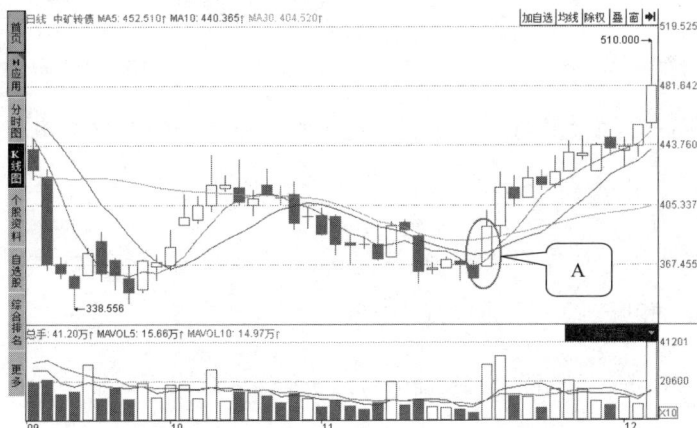

图7.14　中矿转债（128111）2021年9月24日至2021年12月3日的日K线图

中矿转债（128111）的价格经过一波明显下跌后，创出337.556元低点。随后价格开始震荡，震荡后出现反弹上涨，正好反弹到30日均线附近，价格再度回调。

需要注意的是，价格回调没有再创新低，并且在A处出现旭日东升见底K线组合，所以，在A处可以介入多单。从其后的走势可以看出，在A处买进，沿着均线耐心持有，会有不错的投资收益。

7.1.5 平底实战技巧

平底，又称钳子底，出现在下跌趋势中，由两根或两根以上的K线组成，但这些K线的最低价在同一水平位置。平底的标准图形如图7.15所示。

平底是见底回升的信号，如果出现在较大的跌势之后，所提示的价格反转的可能性就很大。投资者见到此K线形态，可考虑适量买进。平底的变化图形如图7.16所示。

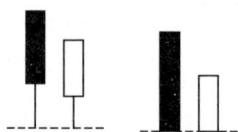

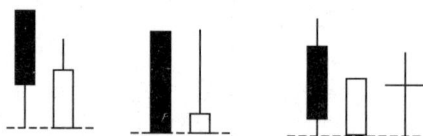

图7.15 平底   图7.16 平底的变化图形

图7.17所示为文灿转债（113537）2021年10月28日至2021年12月23日的日K线图。

文灿转债（113537）的价格在明显的上涨行情中，在A处出现平底K线组合，可以以平底的最低点为止损，买进做多。

同理，在B处，又出现平底K线组合，仍可以买进该可转债。

价格经过一波明显上涨后，出现横盘整理，然后在C处出现平底K线组合，可以以平底的最低点为止损，继续买进做多。

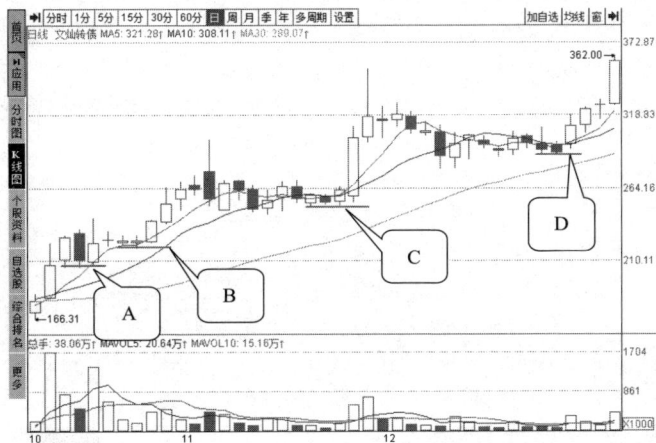

图7.17　文灿转债（113537）2021年10月28日至2021年12月23日的日K线图

同理，在D处，又出现平底K线组合，仍可以买进。

从价格走势可以看出，只要设置好止损位，以平底的最低点为止损，敢于买进，就会有相当不错的投资收益。

7.1.6　塔形底实战技巧

塔形底，因其形状像一个倒扣的塔顶而命名，其特征：在一个下跌行情中，价格在拉出长阴线后，跌势开始趋缓，出现一连串的小阴线、小阳线，随后拉出一根大阳线，这时升势确立。塔形底的图形如图7.18所示。

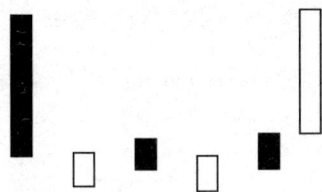

图7.18　塔形底

一般来说，价格在低位形成塔形底后，并且有成交量的配合，总会有一段较大的涨势出现。投资者见此K线组合后，应抓住机会，跟进做多。

图7.19所示为齐翔转2（128128）2021年6月21日至2021年9月15日的日K线图。

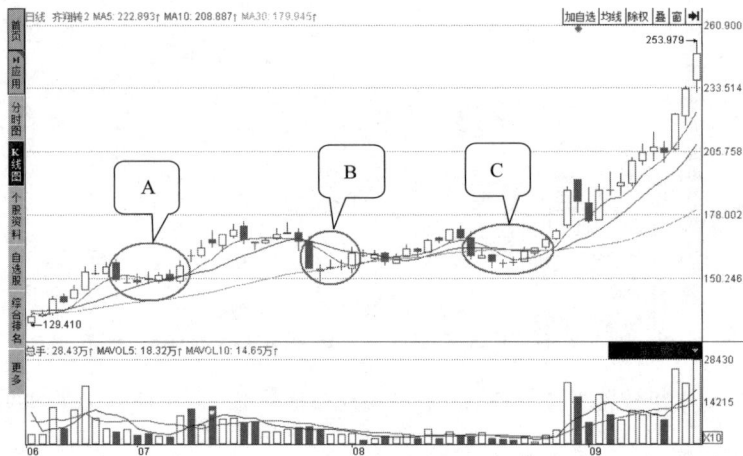

图7.19　齐翔转2（128128）2021年6月21日至2021年9月15日的日K线图

齐翔转2（128128）的价格经过一波明显的上涨后，出现大阴线回调，但大阴线之后，价格没有继续下跌回调，而是小阴小阳震荡，随后一根中阳线拉起，即在A处出现塔形底K线组合，所以，在A处可以买进。从其后的走势可以看到，随后价格沿着均线出现一波明显上涨。

这一波趋势上涨结束后，又出现回调，然后在B处又出现塔形底K线组合，所以，在B处仍可以介入多单。需要注意的是，随后一波上涨，上涨到前期高点附近，价格没有突破，所以，要先减仓出来。

价格再度回调，然后在C处出现塔形底K线组合，这时仍可以做多。随后价格沿着均线上涨，最终突破前期高点，从而开启一波新的趋势性上涨行情。

7.2　见顶K线组合实战技巧

利用见顶K线组合，投资者可以把握好卖出时机，从而踏准价格节拍，实现盈利最大化。

7.2.1 黄昏之星实战技巧

黄昏之星，出现在上升趋势中，是由3根K线组成，第一根K线是一根实体较长的阳线；第二根K线是实体较短的阳线或阴线，如果是阴线，则其下跌力度要强于阳线；第三根K线是一根实体较长的阴线，并深入到第一根K线实体内。黄昏之星的标准图形如图7.20所示。

黄昏之星是价格见顶回落的信号，预测价格下跌的可靠性较高。所以，投资者见到该K线组合，不宜再继续买进，应考虑及时减仓，并随时做好全部卖出的准备。黄昏之星常见的变化图形如图7.21所示。

（a）变化图形 1 （b）变化图形 2 （c）变化图形 3

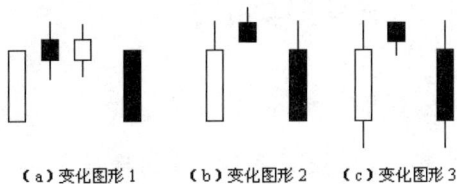

图7.20 黄昏之星   图7.21 黄昏之星常见的变化图形

图7.22所示为齐翔转2（128128）2021年4月28日至2021年11月19日的日K线图。

图7.22 齐翔转2（128128）2021年4月28日至2021年11月19日的日K线图

齐翔转2（128128）的价格经过长时间、大幅度的上涨后，创出278.678元高点。需要注意的是，在创出高点这一天，价格收出一根螺旋桨，即一根转势K线，该K线的前一个交易日收出一根大阳线，后一个交易日收出一根大阴线，即在A处出现黄昏之星K线组合，这是明显的下跌信号，所以，手中还有筹码的投资者，要及时果断地卖出。

从其后的走势可以看到，价格在A处见顶后，继续下跌，并且最终跌破30日均线。价格跌破30日均线后，出现反弹上涨，但反弹到30日均线附近，又出现黄昏之星K组合，即B处，所以，B处是抄底多单卖出的好时机。

7.2.2　乌云盖顶实战技巧

乌云盖顶的特征：在上升行情中，出现一根中阳线或大阳线后，第二天价格跳空高开，但没有高走，反而高开低走，收出一根中阴线或大阴线，阴线的实体已经深入到第一根阳线实体的二分之一以下处。乌云盖顶的图形如图7.23所示。

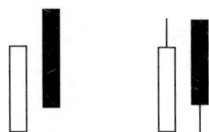

图7.23　乌云盖顶

乌云盖顶是一种见顶信号，表示价格上升势头已尽，一轮跌势即将开始。投资者见此K线组合，应警觉起来，可以先抛掉一些筹码，余下的筹码视其后势而定。如果发现价格重心出现下移，就可以确定见顶信号已被市场确认，此时很有可能要大幅下跌了，这时投资者要果断卖出所有筹码，出局观望。

图7.24所示为明电转债（123087）2021年5月11日至2021年9月22日的日K线图。

图7.24　明电转债（123087）2021年5月11日至2021年9月22日的日K线图

明电转债（123087）的价格经过长时间、大幅度的上涨后，创出169.000元高点。需要注意的是，在创出高点这一天，价格高开低走，收出一根大阴线，与前一个交易日的大阳线组成乌云盖顶，即A处。

乌云盖顶是明显的看跌信号，所以，手中还有筹码的投资者，要及时果断地卖出，否则会由大盈利变成小盈利，甚至变成亏损。

7.2.3　黑云压阵实战技巧

黑云压阵的特征：在上升行情中，出现中阳线或大阳线的次日，价格跳空高开，但上攻无力，继而下跌，其收盘价与前一根阳线的收盘价相同或相近，形成一根大阴线或中阴线。黑云压阵的图形如图7.25所示。

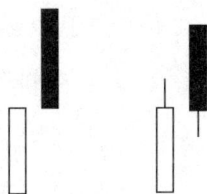

图7.25　黑云压阵

黑云压阵是见顶信号，它提示投资者不要再盲目看多了。黑云压阵与乌云盖顶的区别：阴线实体未深入到阳线实体，其预示的下跌可靠性不如乌云盖顶。但上升行情中出现黑云压阵，并伴随着成交量的急剧放大，其领跌作用甚至要超过乌云盖顶，这一点投资者不可忽视。所以，见到该K线组合，投资者要适量减仓。

> 提醒：黑云压阵，意义是说价格在上涨途中遇到黑云压在头顶上，那其后的走势就岌岌可危了。虽然此K线组合出现后，价格不一定会马上跌下来，但这个压在头上的黑云，一旦化成暴雨，价格就要大跌了。

图7.26所示为兄弟转债（128021）2018年10月19日至2019年5月6日的日K线图。

图7.26　兄弟转债（128021）2018年10月19日至2019年5月6日的日K线图

兄弟转债（128021）的价格经过长时间、大幅度的上涨后，创出142.000元高点。需要注意的是，在创出高点这一天，价格收出一根高开低走的大阴线，与前一个交易日的大阳线组成黑云压阵K线组合，即A处。

黑云压阵是明显的看跌信号，所以，手中还有筹码的投资者，要及时果断地卖出，否则会由大盈利变成小盈利，甚至变成亏损。

7.2.4　倾盆大雨实战技巧

倾盆大雨的特征：在价格有了一段升幅后，先出现一根大阳线或中阳线，接着出现一根低开低收的大阴线或中阴线，其收盘价已比前一根阳线的开盘价低。倾盆大雨的标准图形如图7.27所示。

倾盆大雨，即股市要遭受暴雨袭击，这种K线组合，对多方来说是极为不利的，投资者应及时退出观望。倾盆大雨常见的变化图形如图7.28所示。

> 提醒：倾盆大雨杀伤力很强，因为该K线组合的第二根阴线已经穿了前面一根阳线的开盘价，形势一下子变得非常不妙。特别是价格已有大幅上涨，出现该K线组合，意味着行情已经见顶，价格就要出现重挫了。

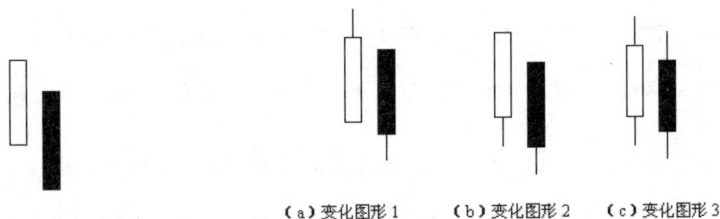

图7.27　倾盆大雨

（a）变化图形1　（b）变化图形2　（c）变化图形3

图7.28　倾盆大雨常见的变化图形

图7.29所示为天路转债（110060）2021年8月2日至2021年11月2日的日K线图。

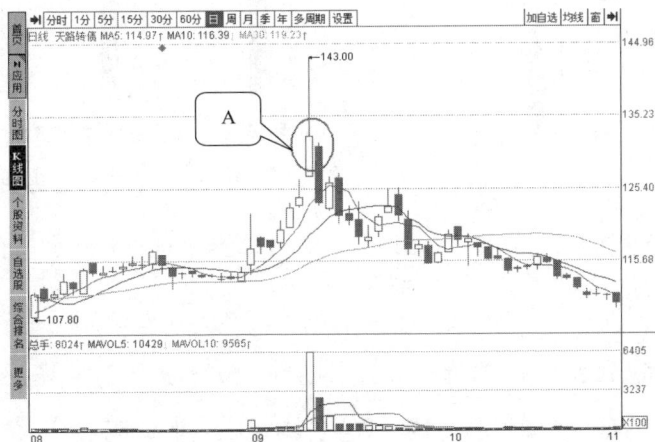

图7.29　天路转债（110060）2021年8月2日至2021年11月2日的日K线图

天路转债（110060）的价格经过两波明显上涨后，创出143.00元高点。需要注意的是，在创出高点这一天，价格收出一根带有长上影线中阳线。随后就是一根低开低走的大阴线，与前一根中阳线组成倾盆大雨K线组合，即A处。

倾盆大雨是看跌信号，所以，手中还有筹码的投资者要及时果断卖出。从其后走势可以看出，如果不及时卖出，手中的筹码很可能由盈利变被套，甚至越套越深，最终可能损失惨重。

7.2.5　平顶实战技巧

平顶，又称钳子顶，出现在涨势行情中，由两根或两根以上的K线组成，但这些K线的最高价在同一水平位置。平顶的标准图形如图7.30所示。

平顶是见顶回落的信号，它预示价格下跌的可能性大，特别是与吊颈线、射击之星等其他见顶K线同时出现时。投资者见到此K线形态，只有"三十六计，走为上计"。平顶的变化图形如图7.31所示。

> 提醒：平顶就是一根无形的直线封锁线，它像一道不可逾越的屏障，迫使价格掉头下行。

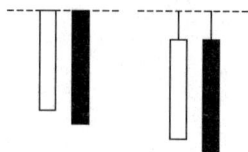

图7.30　平顶

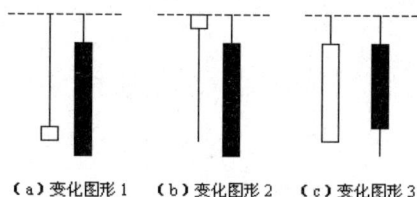

（a）变化图形1　（b）变化图形2　（c）变化图形3

图7.31　平顶的变化图形

图7.32所示为城地转债（113596）2021年3月11日至2021年11月8日的日K线图。

城地转债（113596）的价格经过长时间、大幅度上涨后，创出99.98元高点。需要注意的是，在创出高点这一天，价格收出一根大阴线，与前一个交易日的大阳线组成平顶K线组合，即A处。

平顶是明显的看跌信号，所以，手中还有筹码的投资者，要及时果断地卖出，否则会由大盈利变成小盈利，甚至变成亏损。

图7.32　城地转债（113596）2021年3月11日至2021年11月8日的日K线图

7.2.6　塔形顶实战技巧

塔形顶的特征：在一个上涨行情中，首先拉出一根较有力度的大阳线或中阳线，然后出现一连串向上攀升的小阳线或小阴线，之后上升速度减缓，然后出现一连串向下倾斜的小阴线或小阳线，最后出现一根较有力度的大阴线或中阴线，这样塔形顶就形成了。塔形顶的图形如图7.33所示。

当价格在上涨时，出现塔形顶K线形态，投资者就要高度警惕并及时抛空出局。塔形顶的变化图形如图7.34所示。

> 提醒：塔形顶的左右两根实体较长的大阳线和大阴线之间，聚集的K线越多，其见顶信号越强；左右两根K线的实体越长，特别是右边的阴线实体越长，信号越强。

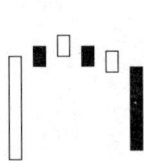

图7.33　塔形顶　　　　图7.34　塔形顶的变化图形

根据多年的实战经验，投资者一旦发现见顶信号，应及早做好撤退准备或先卖出一部分筹码，接下来紧盯盘面，如果看到后面的K线走势有将见顶信号确认，那就应果断止损离场。

图7.35所示为广汇转债（110072）2021年4月6日至2021年11月2日的日K线图。

图7.35　广汇转债（110072）2021年4月6日至2021年11月2日的日K线图

广汇转债（110072）的价格经过较长时间、较大幅度的上涨后，创出108.70元高点。但需要注意的是，在创出高点这一天，价格收出一根长十字线，这是一个转势信号，所以，手中有筹码的投资者要谨慎了，因为价格很可能由上涨转为下跌。

随后几个交易日，价格在高位震荡，震荡4个交易日后，一根大阴线杀跌，形成塔形顶见顶K线组合，即A处。所以，在A处手中还有筹码的投资者，要及时卖出，否则很容易由大盈利变成小盈利，甚至变成亏损。

从其后的走势可以看出，A处出现塔形顶后，价格继续大幅下跌，下跌到30日均线附近后，价格出现反弹震荡，反弹结束后，再度下跌，不及时卖出，就会越套越深，最终损失惨重。

7.3　看涨K线组合实战技巧

在底部区域买可转债是安全的，但如果买入过早，可转债会长时间不上涨，而是反复震荡，这样就输掉大量的时间，从而造成资金利用率不高。其实最佳买入可转债的时机是在上涨初期、中期，利用看涨K线组合来买入，从而实现快速盈利。

7.3.1　两红夹一黑实战技巧

两红夹一黑的特征：左右两边是阳线，中间是阴线，3根K线的中轴基本上是处在同一水平位置，两根阳线的实体一般比阴线实体长。两红夹一黑的图形如图7.36所示。

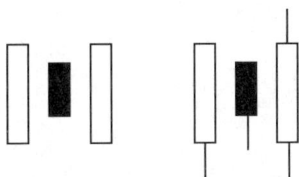

图7.36　两红夹一黑

如果两红夹一黑出现在跌势中，则暗示价格会暂时止跌，或有可能见底回升；在上涨趋势中，特别是在上升初期，表示价格经过短暂休整，还会继续上涨。

图7.37所示天创转债（113589）2021年11月5日至2022年1月7日的日K线图。

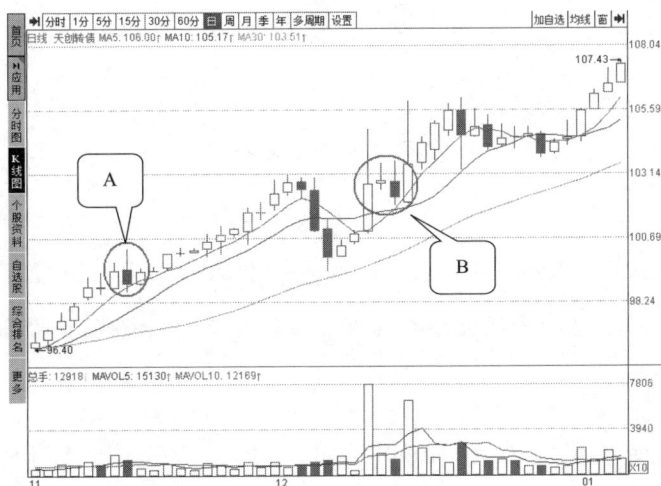

图7.37　天创转债（113589）2021年11月5日至2022年1月7日的日K线图

天创转债（113589）的价格处在明显的上涨行情中，即均线出现显明的多头排列。这时出现两红夹一黑K线组合，即A处，是明显的看涨信号，即下跌是诱空，上涨是真涨，所以，手中有多单的投资者可以继续持有，没有多单的投资者可以继续介入多单。从其后的走势来看，在A处介入多单，短时间内就会有不错的投资收益。

价格经过一波明显的上涨行情后，出现快速回调，回调到30日均线附近，价格再度上涨。当价格站上所有均线之后，在B处再度出现两红夹一黑K线组合，这是看涨信号，所以，可以继续在B处买入。从其后的走势可知，在B处介入多单，仍有不错的投资收益。

7.3.2　多方尖兵实战技巧

多方尖兵的特征：价格在上升过程中，遇到空方打击，出现一根上影线，价格随之回落整理，但多方很快又发动一次攻势，价格穿越前面的上影线。多方尖兵的图形如图7.38所示。

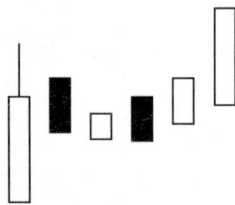

图7.38　多方尖兵

多方尖兵的技术意义：多方在发动大规模攻击前曾做过一次试探性的进攻，在K线上留下一根较长的上影线。有人把它比喻成深入空方腹地的尖兵。多方尖兵的出现，表示价格会继续上涨，投资者见此K线组合，要跟着做多，这样会有不错的获利机会。

图7.39所示为瑞达转债（128116）2021年7月17日至2021年9月7日的日K线图。

瑞达转债（128116）的价格经过一波回调，创出99.305元低点，随后价格开始震荡上涨，先是站上5日均线，然后又站上10日和30日均线，这样均线就慢慢走好，即均线慢慢变成多头排列。

价格站上30日均线后，出现窄幅震荡，经过近十个交易日的震荡后，一根中阳线向上突破，但该中阳线带有较长的上影线。接着价格开始震荡上升，最终再创新高，即在A处出现多方尖兵看涨信号。由于价格刚刚上涨，并且均线良好，所以，这时如果手中有筹码，一定要耐心持有。如果没有筹码，要敢于在这时买进，这样短时间内就会有不错的盈利。

图7.39　瑞达转债（128116）2021年7月17日至2021年9月7日的日K线图

7.3.3　上升三部曲实战技巧

上升三部曲，又称升势三鸦，在上升途中出现。上升三部曲由5根K线组成，首先拉出一根大阳线，然后连续出现3根小阴线，但没有跌破前面阳线的开盘价，随后出现一根大阳线或中阳线，其走势有点儿类似英文字母"N"。上升三部曲的图形如图7.40所示。

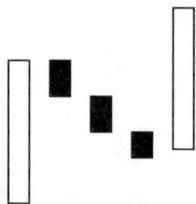

图7.40　上升三部曲

上升三部曲的K线组合中，有三连阴，投资者不要认为价格就会转弱，开始看空。投资者看到该K线组合后，可以认定它是一个买入信号，要敢于买进，并持筹待涨。显然，如果投资者把上升三部曲中的三连阴看成卖出信号，这就大错特错，抛筹离场，势必会错失一大段行情。

图7.41所示为冀东转债（127025）2021年6月4日至2021年9月9日的日K线图。

提醒：上升三部曲的变形图形很多，投资者只要明确该K线组合的实战意义即可，碰到变形图形不要太在意形状，更多的是在于它的含义。上升三部曲的真正含义是主力在发动行情前先拉出一根大阳线进行试盘，然后连拉小阴线或以阴多阳少的方式进行压盘，从而清除短线获利筹码或持筹不坚定者，正当短线客看淡之际，突然发力，再度拉出一根大阳线，宣告调整结束。

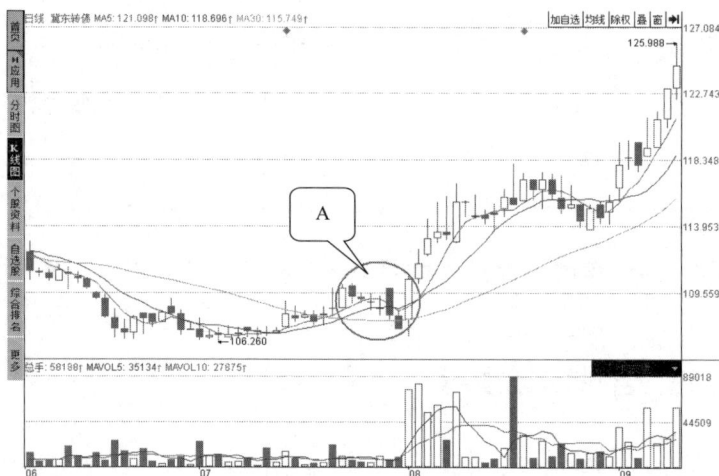

图7.41　冀东转债（127025）2021年6月4日至2021年9月9日的日K线图

冀东转债（127025）的价格经过一波下跌回调，创出106.26元低点，然后价格开始震荡上涨，先是站上5日均线，然后站上10日均线，最后站上30日均线，这样行情就形成上涨趋势。

在明显的上涨趋势中，出现上升三部曲，即A处，这是明显的看涨信号，如果手中有筹码，可以继续持有，如果没有，可以逢低买入该可转债。

7.3.4　红三兵实战技巧

红三兵，市场处于上升趋势中，出现3根连续创新高的小阳线，特别是价格见底回升或横盘后出现红三兵，表明多方正在积蓄力量，准备发力上攻，如果成交量能同步放大，说明已有主力介入，后面继续上涨的可能性极大。投资者见此K线组合，应大胆买进，从而轻松、快速地获利做赢家，如图7.42所示。

> 提醒：当3根小阳线收于最高或接近最高点时，称为"3个白色武士"，其作用要强于普通的红三兵，投资者应高度重视。

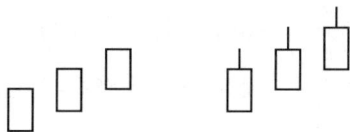

图7.42　红三兵

图7.43所示为久其转债（128015）2021年9月14日至2022年3月2日的日K线图。

图7.43　久其转债（128015）2021年9月14日至2022年3月2日的日K线图

久其转债（128015）的价格经过一波下跌，创出102.690元低点。随后价格在低位窄幅震荡，经过近两个月的反复震荡后，价格开始上涨，并且连续3个交易日上涨，即在A处出现红三兵。红三兵是看涨信号，并且较长时间震荡后刚开始上涨，所以，手中有该可转债的筹码，要耐心持有；如果手中没有筹码并且手中有资金，则可以在A处买入，并且可以重仓买入。从其后的走势可以看出，在A处重仓买入，会有相当丰厚的投资收益。

同理，在B处出现红三兵看涨信号，仍可以介入多单。

7.3.5　下探上涨形实战技巧

下探上涨形的特征：在上涨行情中，某日价格突然大幅低开，甚至以跌停板开盘，但当日却引出一根大阳线或以涨停板报收，从而在图中拉出一根低开高走的大阳线。这就构成了先下跌后上涨的形态，故命名为"下探上涨形"。下探上涨形的图形如图7.44所示。

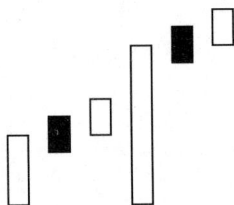

图7.44　下探上涨形

下探上涨形是一个强烈的做多信号，特别是价格刚刚启动时出现。出现该K线组合，价格"十有九涨"，因此，有人把下探上涨形中的那根从底部崛起的长阳线形象地称为"擎天柱"。擎天柱一旦出现，后市的前景就相当光明。市场实战高手相当看重该K线组合，因为价格从低位开盘拉起，最后拉到高位收盘，这样的力度有多大，即拉升的主力实力肯定不小。

图7.45所示为现代转债（110057）2021年12月8日至2022年1月4日的日K线图。

现代转债（110057）的价格在明显的上涨行情中，在A处出现下探上涨形K线组合，这是一个看涨信号，所以，手中已有筹码的投资者，可以继续耐心持有。没有筹码的投资者，在A处仍可以继续买进。

从其后的走势来看，在A处买进的投资者，只要耐心沿着均线持有，短时间内就会有不错的投资收益。

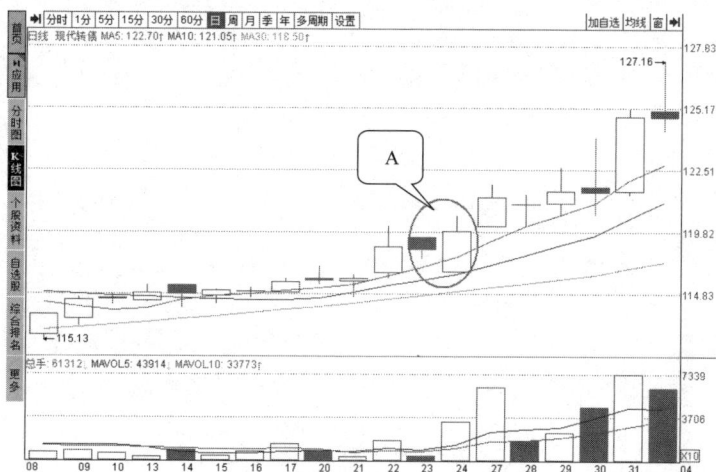

图7.45　现代转债（110057）2021年12月8日至2022年1月4日的日K线图

7.3.6　蛟龙出海实战技巧

蛟龙出海的意思是像一条久卧海中的长龙，一下子冲天而起，其特征是：拉出大阳线，一下子把短期、中期和长期几根均线全部吞吃，有种过五关、斩六将的气势。蛟龙出海的图形如图7.46所示。

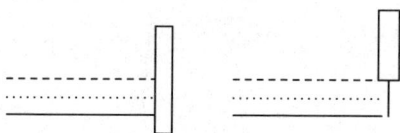

图7.46　蛟龙出海

蛟龙出海是明显的见底信号，如果成交量随之放大，说明主力已吸足筹码，现在就要直拉价格。这时投资者可以买进，但要警惕主力用来诱多，所以，投资者最好在拉出大阳线后，多观察几日，如果重心上移，则可再加码追进。

注意：用实线"——"表示短期移动平均线（如5日均线）；用点线"……"表示中期移动平均线（如10日均线）；

用虚线"－－－"表示长期移动平均线（如30日均线）。

提醒：标准的蛟龙出海是很少见的，但变形的蛟龙出海却不少，投资者要学会认真辨别。

图7.47所示为是金诚转债（113615）2021年3月23日至2021年7月23日的日K线图。

图7.47　金诚转债（113615）2021年3月23日至2021年7月23日的日K线图

金诚转债（113615）的价格经过一波下跌回调，创出116.31元低点。但在创出低点这一天，价格收出一根带有长下影线的K线，这是一根转势K线，即下跌趋势可能结束，上涨行情可能开始。

随后价格继续在低位震荡，震荡5个交易日后，拉出一根中阳线，该阳线同时站上5日、10日和30日均线，即出现蛟龙出海看涨信号。这是低位发出的买入信号，投资者如果手中还有该可转债筹码，可以继续持有；如果没有，可以加仓做多。

从其后的走势可以看出,价格震荡上涨,虽有回调,但始终在30日均线上方,所以,筹码可以继续持有,并且可以在30日均线继续加仓做多。

7.4　看跌K线组合实战技巧

在下跌初期或下跌途中,投资者如果能够清楚、透彻地了解看跌K线组合的含义,那么就不会再抱有幻想,从而及时出局,减少损失,为下次再战打下良好的基础。

7.4.1　空方尖兵实战技巧

空方尖兵的特征:价格在下跌过程中,遇到多方反抗,出现一根下影线,价格随之反弹,但空方很快又发动一次攻势,价格穿越前面的下影线。空方尖兵的图形如图7.48所示。

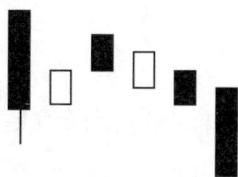

图7.48　空方尖兵

空方尖兵的技术含义:空方在杀跌前曾做过一次试探性的进攻,在K线上留下一根较长的下影线,有人把它视作深入多方阵地的尖兵,这就是空方尖兵的由来。空方尖兵的出现,表示价格还会下跌。投资者见到该K线组合,要及时做空,以降低价格继续下行带来的风险。

图7.49所示为蓝帆转债(128108)2021年7月28日至2021年10月28日的日K线图。

图7.49　蓝帆转债（128108）2021年7月28日至2021年10月28日的日K线图

蓝帆转债（128108）的价格经过一波反弹上涨，最高上涨到128.000元，然后开始震荡下跌。在震荡下跌初期，A处出现空方尖兵K线组合，这是一个看跌信息，所以，手中还有筹码的投资者，要及时卖出，否则会越套越深，最终损失惨重。

7.4.2　降势三鹤实战技巧

降势三鹤，又称下降三部曲，其特征是价格在下跌时出现一根实体较长的阴线，随后连拉出3根向上攀升的实体较为短小的阳线，但最后一根阳线的收盘价仍比前一根大阴线的开盘价低，之后又出现一根长阴线，把前面3根小阳线全部或大部分都吞吃了。降势三鹤的图形如图7.50所示。

图7.50　降势三鹤

降势三鹤的出现，表明多方虽然想反抗，但最终在空方的打击下显得不堪一击，这暗示着价格还会进一步向下滑落。投资者见此K线组合，要顺势而为，快速减持手中的仓位或清仓离场。

图7.51所示为盛虹转债（127030）2021年11月19日至2022年3月3日的日K线图。

图7.51　盛虹转债（127030）2021年11月19日至2022年3月3日的日K线图

盛虹转债（127030）的价格经过一波反弹上涨，创出218.500元高点。随后价格在高位震荡两天后，开始快速下跌，先是跌破5日和10日均线，最后又跌破30日均线。接着出现反弹，但反弹很弱，然后又接着下跌，即在A处出现降势三鹤K线组合。降势三鹤是看跌信号，所以，在A处，手中有筹码的投资者一定要及时卖出，否则会越套越深。

同理，在B处也出现了降势三鹤看跌信号，所以，在这里还有抄底多单，仍要止损卖出。

7.4.3　黑三兵实战技巧

黑三兵的特征：连续出现3根小阴线，其最低价一根比一根低。因为这3根小阴线像3个穿着黑色服装的卫兵在列队，故名为"黑三兵"。黑三兵的图形如图7.52所示。

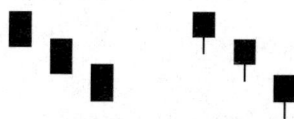

图7.52　黑三兵

黑三兵在上升行情中出现,特别是价格有了较大升幅之后出现,暗示着行情快要转为跌势;黑三兵如果在下跌行情后期出现,特别是价格已有一段较大的跌幅或连续急跌后出现,暗示探底行情短期内即将结束,并可能转为一轮升势。所以,投资者见到该K线组合,可根据其所在位置,决定投资策略,即在上升行情中出现,要适量做空;在下跌行情末端出现,要适量做多。

图7.53所示为精达转债(110074)2021年10月14日至2022年2月15日的日K线图。

图7.53　精达转债(110074)2021年10月14日至2022年2月15日的日K线图

精达转债(110074)的价格经过长时间、大幅度的上涨后,创出317.99元高点。需要注意的是,在创出高点这一天,价格收出一根高开低走的大阴线,并且上方有长长的上影线,这表明主力利用拉高卖出,所以,投资者要注意减仓。

随后几天,价格在高位震荡,注意:还有一根诱多大阳线。大阳线后就是黑三兵K线组合,即A处。

黑三兵是看跌信号,所以,在A处,手中还有筹码的投资者要及时卖出,否则就会由大盈利变成小盈利,甚至由盈利变亏损。

图7.54所示为天能转债(123071)2021年1月20日至2021年7月22日的日K线图。

图7.54　天能转债（123071）2021年1月20日至2021年7月22日的日K线图

天能转债（123071）经过长时间、大幅度的下跌后，在下跌末端出现黑三兵K线组合，即A处。由于前期下跌幅度很大，所以，这里出现黑三兵不是看跌信号，而是看涨信号，所以，在A处，投资者如果手中还有筹码，就不要再卖了。

随后价格开始反弹上涨，先是站上5日均线，然后又站上10日均线，反弹到30日均线附近，出现一根带有较长上影线的阳线，这是短线见顶信号，所以，有抄底多单的投资者，可以先减仓或清仓。

然后价格开始回调，出现黑三兵K线组合，即B处，并且正好回调到10日均线附近，这又是一个买入信号，所以，减仓或清仓的投资者，可以在B处重新买回。

从其后的走势可以知道，在A处或B处的黑三兵处买进并中线持有，就会有相当丰厚的投资收益。

7.4.4　高位出逃形实战技巧

高位出逃形的特征：在跌势中，可转债某天突然大幅高开，有的以涨停板

开盘,但当天就被空方一路打压,收出一根大阴
线,有的可能以跌停板收盘。高位出逃形的图形
如图7.55所示。

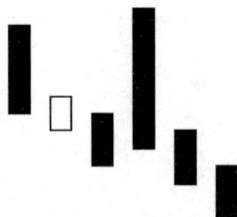

图7.55　高位出逃形

高位出逃形多数是被套庄家利用所谓消息
拉高出货所致,一般情况下,在这根大阴线之
后,价格将有一段较大的跌势。投资者看到该K
线组合,唯一的选择就是快速果断卖出,然后离
场观望。

> 提醒:当价格趋势向下时,一些在
> 高位没有出完货的主力,会设置许
> 多诱多陷阱,目的是诱导投资者盲
> 目跟进,乘机将筹码抛售给他们。
> 据多年实战经验,高位出逃形是
> 常用的诱多陷阱。

图7.56所示为海澜转债(110045)2021年
8月25日至2021年11月2日的日K线图。

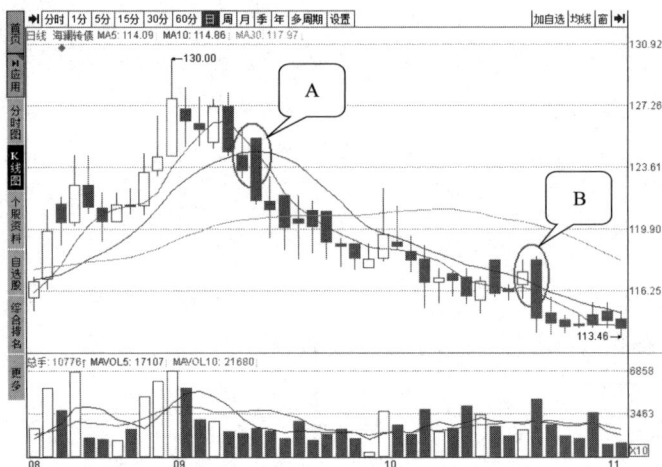

图7.56　海澜转债(110045)2021年8月25日至2021年11月2日的日K线图

海澜转债(110045)的价格经过长时间、大幅度的上涨后,创出130.00元
的高点。需要注意的是,在创出高点这一天,价格收出一根带有较长上影线的
中阳线,随后价格在高位震荡,震荡3个交易日后就开始下跌,先是跌破5日均
线,然后又跌破10日均线,这时出现高位出逃形K线组合,即A处。

高位出逃形是看跌信号,所以,这时手中还有筹码的投资者要及时卖出,
否则会越套越深。

同理，B处又出现高位出逃形K线组合，也是看跌信号，所以，有抄底多单的投资者也要卖出。

7.4.5　两黑夹一红实战技巧

两黑夹一红的特征：左右两边是阴线，中间是阳线，两根阴线的实体一般要比阳线实体长。两黑夹一红的图形如图7.57所示。

图7.57　两黑夹一红

在下跌行情中，尤其是在下跌的初期阶段，出现两黑夹一红K线组合，表明价格经过短暂整理后会继续下跌。在上涨行情中，出现两黑夹一红K线组合，表明价格升势已尽，很有可能见顶回落。投资者无论是在升势或跌势中见此K线组合，都要保持高度警惕，做好减仓或清仓离场准备。

图7.58所示为海兰转债（123086）2021年11月2日至2022年1月13日的日K线图。

图7.58　海兰转债（123086）2021年11月2日至2022年1月13日的日K线图

海兰转债（123086）的价格经过长时间、大幅度的上涨后，创出306.527元高点。随后价格开始快速下跌，一根跳空低开低走大阴线同时跌破了5日、10日和30日均线，这意味着上涨行情结束，要开始震荡下跌行情了。

在下跌行情的初期，A处出现两黑夹一红K线组合，这是明显的看跌信号，所以，手中还有筹码的投资者要及时卖出，否则会越套越深，最终损失惨重。

图7.59所示为飞凯转债（123078）2021年10月13日至2022年1月25日的日K线图。

图7.59　飞凯转债（123078）2021年10月13日至2022年1月25日的日K线图

飞凯转债（123078）的价格经过长时间、大幅度的上涨后，创出231.102元高点。但需要注意的是，在创出高点这一天，价格收出一根中阳线，但随后就是一根低开低走的大阴线，这表明中阳线拉升是诱多，下跌才是真。

随后价格又拉出一根小阳线，但接着就是一根高开低走的大阴线，即在A处出现两黑夹一红看跌信号，所以，投资者要及时卖出手中的筹码，否则大盈利就会变成小盈利，甚至由盈利变成亏损。

7.4.6　断头铡刀实战技巧

断头铡刀出现在上涨后期或高位盘整期，一根大阴线如一把刀，一下子把短期、中期和长期均线切断，收盘价已在所有均线下方。断头铡刀的图形如图7.60所示。

图7.60　断头铡刀

断头铡刀是一个明显的看跌信号，一般都会引起一轮大的跌势，对多方造成很大的伤害，所以，投资者见此信号，应抛空离场。

注意：用实线"━━"表示短期移动平均线；用点线"……"表示中期移动平均线；用虚线"－－－"表示长期移动平均线。

> 提醒：标准的断头铡刀是很少见的，但变形的断头铡刀却不少，投资者要学会仔细辨别。

图7.61所示为国君转债（113013）2021年11月10日至2022年3月4日的日K线图。

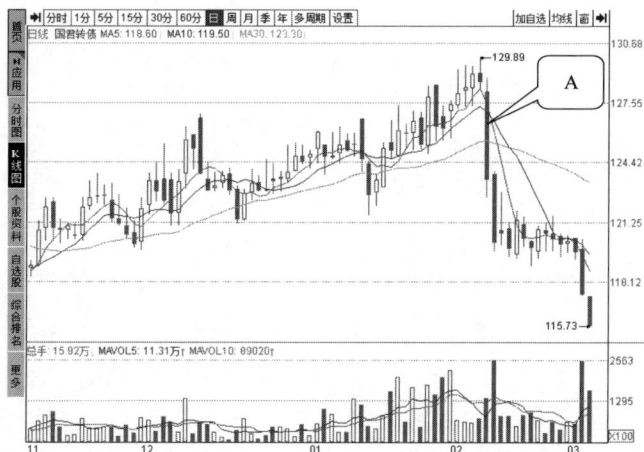

图7.61　国君转债（113013）2021年11月10日至2022年3月4日的日K线图

国君转债（113013）的价格经过一波震荡上涨后，创出129.89元高点。需要注意的是，创出高点这一天，价格收出一根螺旋桨，这是一根转势K线，所以，投资者要谨慎了。

随后就是一根大阴线杀跌，该大阴线同时跌破5日、10日、30日均线，即在A处出现断头铡刀K线组合。

断头铡刀是明显的看跌信号，所以，在A处，投资者如果手中还有筹码，要第一时间卖出，否则会越套越深，最终损失惨重。

第 8 章

可转债的K线形态实战技巧

根据多年的实战经验可知，利用K线和K线组合技术，可以预测价格未来1~3天的行情，即可以利用K线和K线组合技术做短线操作；但中线交易才是最重要的，即抓住3周到3个月的中期趋势行情（这是波段操作的核心，也是最大的利润空间），要做好这段操作，就要好好学习和训练K线形态技术，因为利用K线形态技术可以预测价格未来一个月左右的行情。

本章主要内容包括：

➤ 反转形态和整理形态

➤ 头肩底和双底实战技巧

➤ V形底和圆底实战技巧

➤ 潜伏底实战技巧

➤ 双顶和头肩顶实战技巧

➤ 尖顶和圆顶实战技巧

➤ 上升三角形和上升旗形实战技巧

➤ 下降楔形和下降三角形实战技巧

➤ 下降旗形实战技巧

➤ 上升楔形实战技巧

➤ 矩形和收敛三角形实战技巧

8.1　初识K线形态

K线图是记录可转债价格的一种方式，在价格起起落落的时候，它们都会在图表中留下一些投资者购买或抛售的预兆。K线形态分析就是根据K线图表中过去所形成的特定价格形态，预测价格未来发展趋势的一种方法。当然，这是一种纯粹的经验性统计，因为在可转债购买或抛售的过程中，K线图常常会表现出一些可以理解的、重复的价格形态，如M头、W底等。

价格的运行总伴着上涨和下跌，如果在某一时期，趋势向上，虽然有时出现下跌，但不影响升势，即价格不断创出新高，使投资者看好后市；如果在某一时期，趋势向下，虽然有时出现上涨，但不影响跌势，即价格不断创出新低，使投资者看淡后市。从一种趋势向另一种趋势转换，通常需要一段酝酿时间，在这段时间内，趋势如果转换成功，就是反转形态；如果转换不成功，即还按原来的趋势运行，就是整理形态。

8.1.1　反转形态

反转形态的形成起因于多空双方力量对比失去平衡，变化的趋势中一方的能量逐渐被耗尽，另一方转为相对优势。它预示着趋势方向的反转，价格在多空双方力量平衡被打破之后探寻新的平衡。在市场中，反转形态是重要的买入或卖出信号，所以，投资者要掌握并灵活运用反转形态。

反转形态可以分为两类，分别是底部反转形态和顶部反转形态。底部反转形态共五种，分别是括头肩底、双底、V形底、圆底、潜伏底。顶部反转形态共四种，分别是双顶、头肩顶、尖顶、圆顶。

8.1.2　整理形态

市场经过一段趋势运动后，积累了大量的获利筹码，随着获利盘纷纷套现，价格出现回落，但同时对后市继续看好的投资者大量入场，对市场价格构成支撑，因而价格在高价区小幅震荡，市场采用横向运动的方式消化获利筹码，重新积聚了能量，然后又恢复原先的趋势。整理形态即为市场的横向运动，它是市场原有趋势的暂时休止。

与反转形态相比，整理形态形成的时间较短，这可能是市场惯性的作用，保持原有趋势比扭转趋势更容易。在整理形态形成的过程中，价格震荡幅度逐步收敛，同时，成交量也逐步萎缩。最后在价格顺着原趋势方向突破时伴随大的成交量。

对于整理形态，如果你是中长线投资者，在整个整理形态中可以不进行操作，只有形势明朗后才去具体操作。但对于短线投资者来说，不可以长达三个月不进行操作，而只以K线的逐日观察为主。也就是说，当价格在这些形态中来回折返时，也会产生很多次短线交易机会。因此，短线投资者对长期价格形态并不在意，而仅仅是对某些重要的突破位比较在意。

K线整理形态主要有八种，分别是上升三角形、上升旗形、下降楔形、下降三角形、下降旗形、上升楔形、矩形、收敛三角形。

8.2　K线底部形态实战技巧

K线底部形态的出现，意味着下跌趋势的结束，新一波上涨趋势的开始，所以，中长线资金这时介入风险较小，收益最大。

8.2.1　头肩底实战技巧

头肩底是常见的、经典的底部反转形态,头肩底的特点共有四项,具体如下:

第一,急速下跌,随后止跌反弹,形成第一个波谷,就是通常所说的"左肩"。

第二,从左肩底回升受阻,价格再次下跌,并跌破左肩低点,随后止跌反弹,这就是通常所说的"头部"。

第三,从头部底回升,并在左肩顶受阻,然后第三次回落,并且在左肩底相同或相近的位置止跌,这就是通常所说的"右肩"。

第四,左肩高点和右肩高点用直线连接起来就是一根阻碍价格上涨的颈线,但右肩反弹时,会在成交量放大的同时,冲破该颈线,并且价格站到颈线上方。

> 提醒:头肩底是很常见的底部形态,投资者要认真学习和分析,并能灵活应用。还要注意,若价格向上突破颈线时,成交量没有显著增加,很可能是一个"假突破",这时投资者应逢高卖出,退出观望。

头肩底图形如图8.1所示。

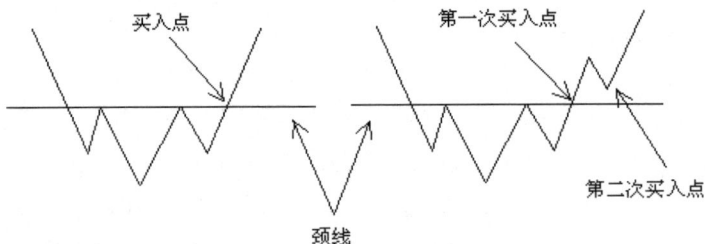

图8.1　头肩底

图8.2所示为青农转债(128129)2021年6月28日至2021年9月10日的日K线图。

青农转债(128129)的价格经过大幅下跌后,然后在左肩处,主力开始建仓吃货;主力为得到更多的廉价筹码,就借利空消息和先以向下破位的方式,制造市场情绪,让一些长期深套者觉得失望后向外大量出逃,这样主力就可以乘机把投资者低位抛售的筹码照单全收，即头部形成；然后为了清除短线投资者的浮动筹码，又再次下跌，即形成右肩，注意形成右肩时，成交量很小，因为主力怕筹码砸出去后买不回来，然后放量突破颈线，即A处。

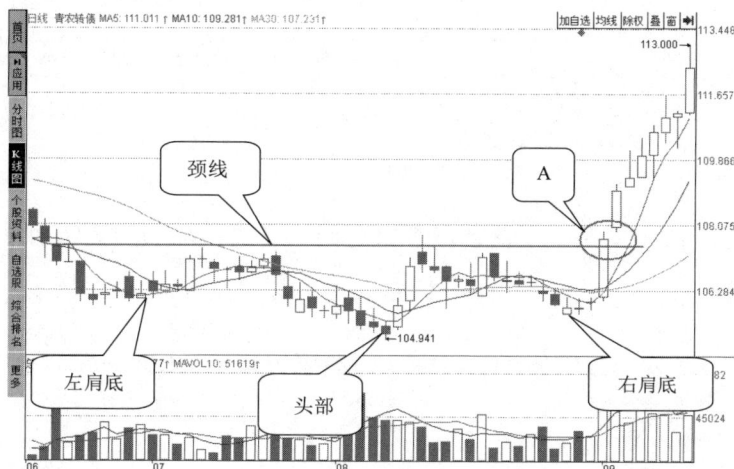

图8.2　青农转债（128129）2021年6月28日至2021年9月10日的日K线图

价格突破颈线时，是最佳的买入位置，所以，A处是最好的买进位置。需要注意的是，这里的头肩底形态没有二次回踩，不能及时买进的投资者会错过一次获利机会。

8.2.2　双底实战技巧

双底，因其形状像英文字线"W"，所以又称"W底"，是很多投资者所熟知的底部反转形态之一。双底在构成前后有四个显著的要素，可以作为投资者判定某可转债在某阶段走势是否为双底的依据，具体如下：

（1）原有趋势为下跌趋势；

（2）有两个显著的低点并且价位基本接近；

（3）有跨度（即两个点要相互呼应）；

（4）第二次探底的节奏和力度要有放缓迹象并有效向上突破颈线确认。

双底如图8.3所示。

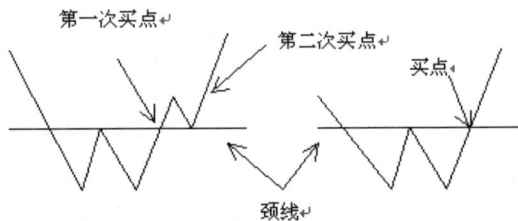

图8.3　双底

在实际判断中,很多投资者最容易遗漏一点,其实也是最关键的一个点:
原来为下跌趋势。

图8.4所示为海兰转债(123086)2021年9月3日至2021年11月19日的日K
线图。

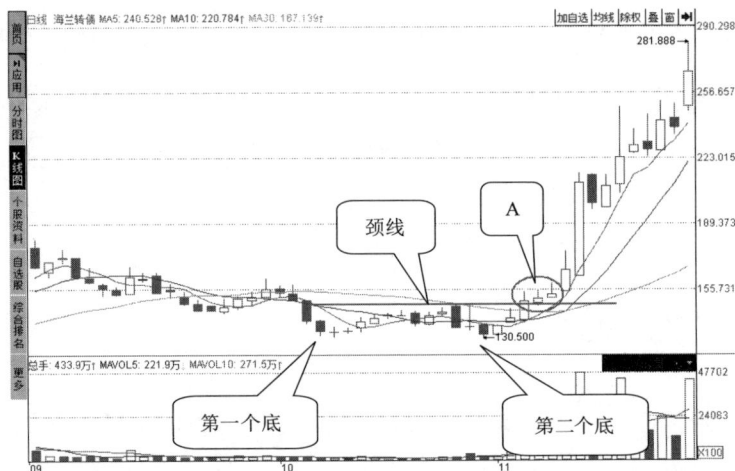

图8.4　海兰转债(123086)2021年9月3日至2021年11月19日的日K线图

海兰转债(123086)的价格经过较大幅度、较长时间的下跌后,首先出现
第一个底,然后出现反弹,反弹到30日均线附近,价格再度下跌,出现第二个
底。随后价格开始震荡上涨,在A处放量向上突破,即突破了双底颈线,这是
最佳买点。

从其后的走势可以知道，在A处敢于重仓买进的投资者，短时间内就会有相当丰厚的投资收益。

8.2.3　V形底实战技巧

V形底的特点：价格在下跌趋势中，下跌的速度越来越快，在价格下跌最猛烈时，出现了戏剧性的变化，价格触底反弹，然后一跌上扬。其走势像英文字母"V"，故命名为"V形底"，V形底的图形如图8.5所示。

图8.5　V形底

V形底要满足三点，具体如下：

第一，呈现加速下跌状态；

第二，突然出现戏剧性变化，拉出了大阳线；

第三，转势时成交量特别大。

V形底比较难把握，但投资者要明白，价格在连续急跌时，特别是急跌的后期，不要轻易卖出手中的筹码，有急跌，必有反弹，然后根据反弹力度，决定进一步的操作。所以，面对V形底，投资者应拿好手中的筹码，不轻易操作，特别不要涨了一点儿就逢高派发；激进型的投资者，可以在拉出第一根大阳线并放出巨量后，先少量参与，几日后，V形底走势明朗后，再继续追加买进；而稳健型的投资者，可以在V形底走势形成后买入，这样虽然获利少，但风险也小。

图8.6所示为孚日转债（128087）2020年12月8日至2021年4月27日的日K线图。

图8.6 孚日转债（128087）2020年12月8日至2021年4月27日的日K线图

孚日转债（128087）的价格经过长时间、大幅度的下跌后，又连续下跌，但随后开始一路上涨，并且上涨是放量的，即在A处出现V形底。投资者一般很难参与，只有激进型的投资者利用K线图技术（早晨之星见底K线组合），少量参与做反弹。

需要注意的是，虽然V形底很难抓住，但当价格站上30日均线后，可以沿着均线看多、做多，耐心持有筹码，就可以获得较大的投资收益。

> 提醒：对于底部反转形态，投资者要熟记这些经典图形，然后了解它们的技术含义，再根据价格所在的位置，即高位、中位或低位进行详细分析，通过K线与主力进行对话，从而了解主力的意图及下一步的动向，提前防范，这样就可以在市场中做到小输而大赢，成为市场中真正的赢家。

8.2.4 圆底实战技巧

圆底，又称浅碟形，也是常见的、经典的底部反转形态，其特点是：价格先是在成交量逐渐减少的情况下，下跌速度越来越缓慢，直到成交量出现极度萎缩，价格才停止下跌，然后在多方主力有计划的推动下，成交量温和放大，价格由缓慢上升逐渐转为加速上升，形成圆弧形态。在圆弧形成过程中，成交量也常常是圆弧形的，圆底的图形如图8.7所示。

图8.7 圆底

圆底形成时间比较漫长，这样在底部换手
极为充分，所以，一旦突破，常常会有一轮可观
的上涨行情。但圆底没有明显的买入信号，入市

过早，则陷入漫长的筑底行情中，这时价格不涨而略有下挫，几个星期甚至几
个月都看不到希望，投资者很可能受不了这种折磨，在价格向上攻击之前一抛
了之，这样就错过了一段好的行情。投资者在具体操作时，要多观察成交量，因
为它们都是圆弧形，当价格上冲时，并且成交量也在放大，要敢于买进。如果
成交量萎缩，价格上冲也不能参与。

判断圆底形态是否完成的标准：看价格是否带量突破右边的碗沿，从而与
碗柄彻底脱离。通常圆弧底形成的时间越长，其后价格上涨的空间越大。

图8.8所示为特一转债（128025）2021年10月16日至2021年11月16日的
日K线图。

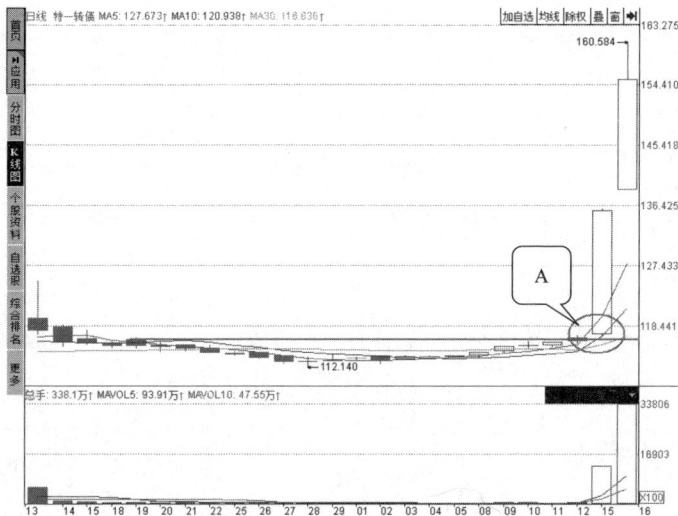

图8.8　特一转债（128025）2021年10月16日至2021年11月16日的日K线图

特一转债（128025）的价格经过长时间、大幅度的下跌后，成交量越来越
少，价格下跌越来越慢，最后在成交量萎缩的情况下，创下112.140元的新低，
然后慢慢放量上升，最后成交量放大，价格加速上升，这是圆弧底反转形态。

圆弧底形成之时，往往是进场的最佳时机，即A处，因为这时进场，往往会在短时间内就会有丰厚的投资收益。

8.2.5　潜伏底实战技巧

潜伏底是价格经过一段跌势后，长期在一个狭窄的区间内波动，交易十分清淡，价格和成交量形成一条带状，潜伏底的图形如图8.9所示。

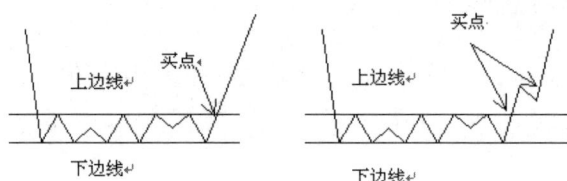

图8.9　潜伏底

潜伏底一般横盘时间很长，换手相当充分，一旦突破，价格会一路向上，很少出现回调，并且涨幅巨大，但真正抄到潜伏底，享受到价格上冲带来的丰厚投资回报的人却很少，原因有两点，具体如下：

第一，入市时间不当，因为潜伏底成交量几乎是停滞状态，而且历时很长，有的是几个月，入市时间早了，忍受不了这种长时间的停滞，在价格发起上攻之前离开。

第二，不敢追涨，潜伏底一旦爆发，上攻势头十分猛烈，常常会走出连续逼空的行情，投资者看到一根根大阳线，就是不调整，所以不敢买进。

提醒：潜伏底向上发动时，只要价格不超过50%的涨幅，成交量保持价升量增，就可以追涨；超过50%，回调可以逢低吸纳。

潜伏底有个特点：在上涨时拉出大阳线后，再拉大阳线，超涨后再超涨，升幅高达几倍。

图8.10所示为大秦转债（113044）2021年6月10日至2021年9月9日的日K线图。

大秦转债（113044）的价格在102.6~103.5元反复震荡，潜伏了近三个月，从而形成潜伏底，然后在A处开始向上突破，开始一波明显的上涨行情，所以，A处是极佳的买入位置。

从其后的走势可以看出，潜伏底形成后，就是连续中阳线拉涨，敢于重仓介入的投资者，短时间内就会有较大的投资收益。

图8.10　大秦转债（113044）2021年6月10日至2021年9月9日的日K线图

8.3　K线顶部形态实战技巧

投资者都喜欢逃顶，因为它是保证投资者账面盈利转化为实际盈利的方法。下面讲解如何利用K线顶部形态逃顶。

8.3.1　双顶实战技巧

双顶，因其形状像英文的"M"，所以又称"M头"，是很多投资者熟知的顶部反转形态之一。双顶的特点：在上升趋势中出现两个比较明显的峰，并且两个峰顶的价位也大致相同，当价格在第二次碰顶回落时跌破前次回落的低位，即颈线突破有效，有可能跌破颈线后回抽，但回抽时成交量明显萎缩并受阻于颈线，这时就正式宣告双顶成立，双顶的图形如图8.11所示。

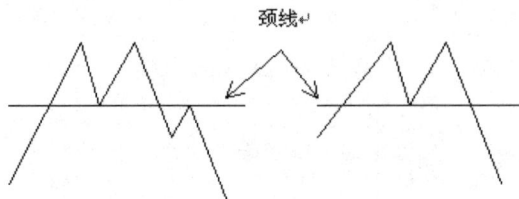

图8.11　双顶

在双顶形成的过程中，价格第一次上冲到峰顶时成交量比较大，第二次上冲到峰顶时成交量略小一些。双顶是一个明显的见顶转势信号，清醒的投资者在双顶成立后，要第一时间清仓出局。

图8.12所示为昌红转债（123109）2021年10月19日至2022年3月7日的日K线图。

图8.12　昌红转债（123109）2021年10月19日至2022年3月7日的日K线图

昌红转债（123109）的价格经过长时间、大幅度的上涨后，在高位出现双顶，即价格创出168.880元高点之后，在高位震荡回调到30日均线附近，再度拉起，但没有再创新高，随后震荡几个交易日后，跌破30日均线，又跌破双顶的颈线，即A处。

价格跌破颈线，往往意味着价格开始走下跌行情，所以，手中还有筹码的投资者，要注意及时果断卖出。

价格跌破颈线后，又沿着5日均线连续下跌十几个交易日，然后再度反弹，当价格反弹到双顶的颈线附近时，又是最佳的卖出筹码机会，即B处。

从其后走势可以看出，如果不及时卖出手中的筹码，很可能会回吐大部分盈利，甚至由盈利变成亏损。

> 提醒：双顶也是一个明显的见顶转势信号，突破其颈线后就开始大幅下跌，投资者一定要及时清仓，从而离场观望。

8.3.2　头肩顶实战技巧

头肩顶是常见的、经典的顶部反转形态，其特点是：在上升趋势中出现了三个峰顶，这三个峰顶分别是左肩、头部和右肩，左肩和右肩的最高点基本相同，而头部最高点比左右两个肩的最高点都要高。另外，价格在上冲失败向下回落时形成的两个低点又基本上处在同一水平线上，这个水平线就称为颈线。当价格第三次上冲失败回落后，颈线被有效突破，这时就正式宣告头肩顶成立，头肩顶的图形如图8.13所示。

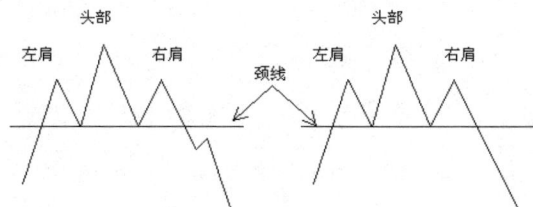

图8.13　头肩顶

在头肩顶形成过程中，左肩的成交量最大，头部成交量略小一些，右肩成交量最小。成交量呈递减现象，说明价格上升时追涨力量越来越弱，价格就涨到头了。所以，头肩顶是一种明显的见顶信号。一旦头肩顶形成，价格下跌已成定局，投资者应抛出所有筹码，离场观望。

图8.14所示为泉峰转债（113629）2021年11月2日至2022年3月7日的日K线图。

图8.14　泉峰转债（113629）2021年11月2日至2022年3月7日的日K线图

泉峰转债（113629）的价格经过长时间、大幅度的上涨后，在高位震荡，在震荡过程中出现头肩顶。

左肩高点是一个螺旋桨转势K线，短线见顶后，开始大幅回调，正好回调到30日均线附近，再度震荡上涨，最高上涨到225.00元。注意：在创下最高点这一天，价格收出一根大阳线，但第二天价格没有上涨，却收出一根中阴线，随后价格就开始震荡下跌，下跌到左肩回调的低点附近，价格再度上涨。注意：这一波上涨就是右肩上涨，没有再创新高。随后价格跳空低开，跌破头肩顶的颈线，即A处，所以，A处是卖出手中筹码的最佳技术位置。

价格跌破颈线后，出现反弹，注意反弹较弱，没有反弹到头肩顶的颈线附近，即B处，这是最后卖出筹码的较好位置。随后价格就开始沿着均线震荡下跌，不及时卖出的投资者就会损失惨重。

8.3.3　尖顶实战技巧

尖顶，又称倒V形顶，其特点是：先是价格快速上扬，随后价格快速下跌，头部为尖顶，就像倒写的英文字母"V"。尖顶的图形如图8.15所示。

图8.15　尖顶

尖顶的走势十分尖锐，常在几个交易日之内形成，而且在转势时有较大的成交量。投资者见此形态，要第一时间止损出局。

> 提醒：尖顶形态的涨势很凶猛，往往会出现多次的价格跳空缺口，当局势突破不利时，价格就会猛烈下跌，所以，尖顶体现了暴涨暴跌的特点。

图8.16所示为中金转债（127020）2021年8月20日至2022年9月29日的日K线图。

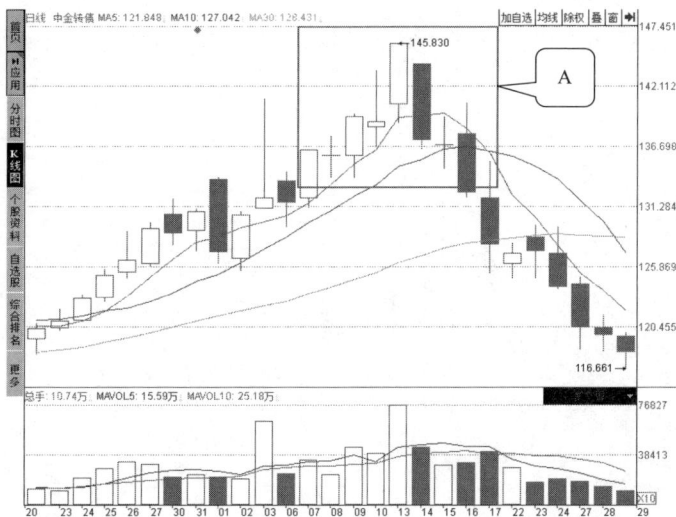

图8.16　中金转债（127020）2021年8月20日至2022年9月29日的日K线图

中金转债（127020）的价格经过连续大幅度上涨后，最高创出145.830元高点。需要注意的是，在创下高点这一天，价格收出一根大阳线，但随后价格没有继续上涨，反而是低开低走，收出一根大阴线，接着价格一路下跌，在A处出现尖顶。投资者见此形态，要第一时间止损出局。

179

8.3.4　圆顶实战技巧

圆顶是常见的顶部反转形态,其特点是:价格经过一段时间上涨后,虽然升势仍然维持,但上升势头已经放慢,直至停滞状态,后来在不知不觉中,价格又呈现缓慢下滑态势,当发现势头不对时,头部就出现明显的圆弧状,这就是圆顶。圆顶的图形如图8.17所示。

图8.17　圆顶

在形成圆顶的过程中,成交量可以是圆顶状,但大多数情况下是无明显特点。圆顶是一个明显的见顶信号,其形成的时间越长,则下跌力度就越大。投资者见到圆顶成立后,要第一时间清仓出逃,否则就会受深套之苦。

提醒:市场中标准的圆顶很少见到,大多数是不太标准的圆顶。

图8.18所示为弘亚转债(127041)2021年8月20日至2022年10月21日的日K线图。

图8.18　弘亚转债(127041)2021年8月20日至2022年10月21日的日K线图

弘亚转债(127041)的价格经过长时间、大幅度的上涨后,在A处形成圆

第 8 章 可转债的 K 线形态实战技巧

顶。圆顶是一个明显的见顶信号，一旦形成并开始下跌，则下跌力量就很强。投资者见到圆顶之后，要第一时间清仓出逃，否则就会受深套之苦。

8.4 K线整理形态实战技巧

K线整理形态的完成时间一般比较短，不会超过三个月，原因是整理经不起太多的时间消耗，士气一旦疲软，则继续原有趋势就会产生较大的阻力。我们要反复练习K线形态，加深认识和理解，真正在市场中做到领先一步，成为市场赢家。

8.4.1 上升三角形实战技巧

上升三角形出现在涨势中，每次上涨的高点基本处于同一水平位置，回落低点却不断上移，这样将每次上涨的高点和回落低点分别用直线连接起来，就构成一个上倾的三角形，即上升三角形。上升三角形的图形如图8.19所示。

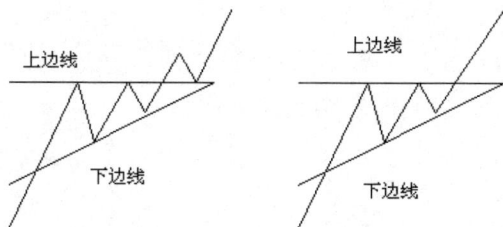

图8.19 上升三角形

上升三角形在形成过程中，成交量不断萎缩，向上突破压力线时要放大量，并且突破后一般会有回抽，在原来高点连接处止跌回升，从而确认突破有效。上升三角形是买进信号，为了安全，最后在价格突破压力线后，小幅回调再创新高时买进。

提醒：上升三角形一般都会向上突破，但少数情况下也有向下突破的，这时投资者应及时清仓出局。

181

图8.20所示为华通转债（128040）2021年12月9日至2022年2月23日的日K线图。

图8.20　华通转债（128040）2021年12月9日至2022年2月23日的日K线图

华通转债（128040）的价格在明显上涨行情中，出现回调整理，在回调整理过程中出现上升三角形，然后在A处突破了上升三角形的上边线，是一个好的买点。

需要注意的是，这里向上突破，出现明显的放量，所以，投资者要敢于在A处重仓介入多单，短时间内就会有较大的投资盈利。

> 提醒：如果向上突破时，没有放量，意味着价格不会快速上涨，所以，不要追涨。

8.4.2　上升旗形实战技巧

价格经过一段时间的上涨后，出现回调，如果将其反弹的高点用直线连接起来，再将回调中的低点也用直线连接起来，可以发现其图形像一面挂在旗杆上迎风飘扬的旗子，这就是上升旗形，如图8.21所示。

图8.21 上升旗形

上升旗形在向上突破压力线时要放大量，并且突破后一般会有回抽，在原来高点连接处止跌回升，从而确认突破有效。上升旗形是诱空陷阱，是一个买进信号，为了安全，最好在价格突破压力线后，小幅回调再创新高时买进。注意：投资者不要被价格下移迷惑，要警惕主力的诱空行为，持筹者可静观其变。

图8.22所示为盛屯转债（110066）2021年7月7日至2021年9月7日的日K线图。

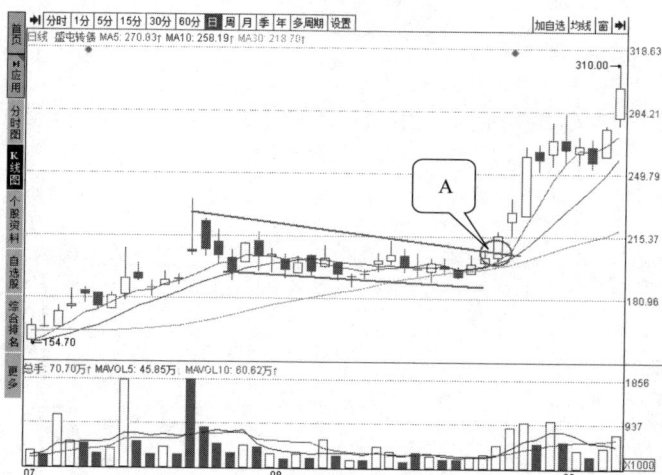

图8.22 盛屯转债（110066）2021年7月7日至2021年9月7日的日K线图

盛屯转债（110066）的价格经过一波明显的上涨行情后，出现震荡回调，回调到30日均线附近，又开始一波新的上涨行情。需要注意的是，这一波调整出现了上升旗形。所以，当价格突破上升旗形的上边线时，是不错的买入机会，即A处，要敢于重仓买进可转债。

8.4.3 下降楔形实战技巧

下降楔形出现在涨势中，每次上涨的高点连线与每次回落低点的连线相交于右下方，其形状构成一个向下倾斜的楔形图。最后价格突破压力线，并收于其上方。下降楔形的图形如图8.23所示。

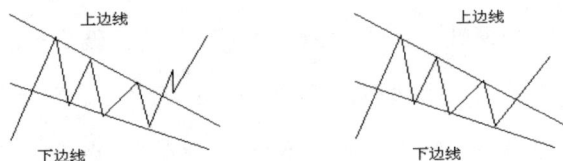

图8.23 下降楔形

下降楔形在形成过程中，成交量不断减少，向上突破压力线时要放大量，并且突破后一般会有回抽，在原来高点连接处止跌回升，从而确认突破有效。下降楔形是诱空陷阱，是一个买进信号，为了安全，最好在价格突破压力线后，小幅回调再创新高时买进。

图8.24所示为建工转债（110066）2021年8月16日至2021年12月21日的日K线图。

图8.24 建工转债（110066）2021年8月16日至2021年12月21日的日K线图

建工转债（110066）的价格在明显的上涨行情中，出现调整，在调整过程中出现下降楔形，然后一根中阳线突破下降楔形的上边线，即A处，所以，A处可以重仓做多。

另外，需要注意的是，底部买入的投资者常常在上升震荡中被主力淘汰出局，原因是，当价格连续拉升后，已获得不错的收益，这时来个下降楔形或上升旗形清洗，很多投资者认为行情已到顶，纷纷抛筹离场，而主力通过下压洗盘后，开始重新拉升。所以，投资者一定要注意下降楔形这样的空头陷阱。

8.4.4　下降三角形实战技巧

下降三角形一般出现在跌势中，每次上涨的高点不断下移，但回落的低点基本处于同一水平位置，这样将每次上涨的高点和回落低点分别用直线连接起来，就会构成一个向下倾的三角形，即下降三角形。下降三角形的图形如图8.25所示。

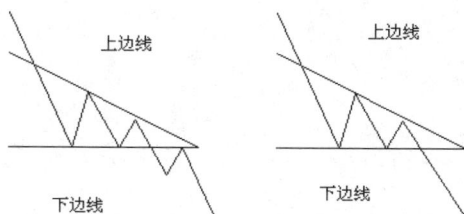

图8.25　下降三角形

下降三角形在形成过程中，成交量不断放大，向下突破压力线时可以放量也可以不放量，并且突破后一般会有回抽，在原来支撑线附近受阻，从而确认向下突破有效。下降三角形是卖出信号，投资者可在跌破支撑线后，止损离场。

下降三角形是多空双方在某价格区域内的较量表现，然而，多空力量却与上升三角形所显示的情形相反。看淡的一方不断地增强卖出压力，价格还没回升到上次高点便再卖出，而看好的一方坚守着某一价格的防线，使价格每回落到该水平便获得支持。

从这个角度来看，此形态的形成也可能是主力在托价出货，直到货源卖完为止。目前，市场中有许多投资者往往持有价格多次触底不破且交投缩小为较佳买入时机的观点，其实在空头市场中，这种观点相当可怕，雪上加霜的下降三角形正好说明这一点。

事实上，下降三角形在多空较量中构成买方的可转债需求支撑带，即一旦价格从上回落到这一价位便会产生反弹，而价格反弹后便又遇卖盘打压，再度回落至买方支撑带，再次反弹高点不会超前一高点，卖方的抛压一次比一次快地压向买方阵地。这种打压—反弹—再打压的向下跌势姿态，逐渐瓦解多方斗志，预示多方阵线的最终崩溃。

图8.26所示为帝欧转债（127047）2022年1月4日至2022年3月8日的日K线图。

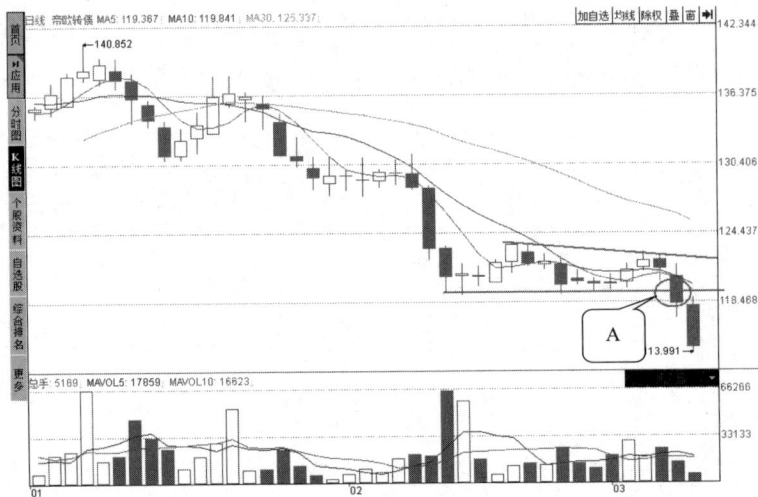

图8.26　帝欧转债（127047）2022年1月4日至2022年3月8日的日K线图

帝欧转债（127047）的价格经过长时间、大幅度的上涨后，创出140.852元高点。随后价格开始震荡下跌。

在下跌行情中，价格出现反弹，反弹出现下降三角形，一旦价格跌破下方支撑线，意味着新的一波下跌行情开始，所以，在A处，手中还有筹码的投资者一定要果断卖出，否则只能被深套，损失惨重。

8.4.5　下降旗形实战技巧

下降旗形一般出现在跌势中，每次反弹的高点连线平行于每次下跌低点的连线，并且向上倾斜，看上去就像迎风飘扬的一面旗子。下降旗形的图形如图8.27所示。

图8.27　下降旗形

下降旗形从表面上看是很不错的，因为价格高点越来越高，而低点不断抬升，并且价格在上升通道中运行，常常得到成交量的支持，出现价升量增的喜人现象。但投资者一定不能被其表面现象迷惑。因为下降旗形是诱多陷阱，是一个卖出信号，投资者应果断止损离场。注意：投资者不要被价格上移迷惑，要警惕主力的诱多行为，应以持币观望为主。

图8.28所示为东风转债（113030）2021年11月12日至2022年3月8日的日K线图。

图8.28　东风转债（113030）2021年11月12日至2022年3月8日的日K线图

东风转债（113030）的价格经过长时间、大幅度的上涨后，创出177.40元高点。随后价格开始快速下跌，下跌到30日均线附近，价格再度反弹上涨。

这一波下跌幅度有点儿大，下跌速度有点儿快，所以，下跌后有反弹是必然。需要注意的是，在反弹过程中出现了下降旗形，这里具有一定的迷惑性，因为价格刚下跌后就出现反弹，如果认为价格回调后还会大幅上涨就会大错特错。但如果投资者对"下降旗形"比较了解的话，就会发现这里有很多问题。首先价格已经大幅拉升，并且这是刚刚下跌。投资者在这里要警惕，这里可能上升，但也可能下降，如果下跌则跌幅巨大。通过后面的图形走势可以看到，这里是主力诱多行为，如果投资者对技术一知半解，则很可能买进该可转债，那后果就是被深深套牢。

所以，在A处，价格跌破下降旗形的下边线，一定要及时出局，否则后果相当严重。

8.4.6　上升楔形实战技巧

上升楔形出现在跌势中，反弹高点的连线与下跌低点的连线相交于右上方，其形状构成一个向上倾斜的楔形图，最后价格跌破支撑线向下滑落。上升楔形的图形如图8.29所示。

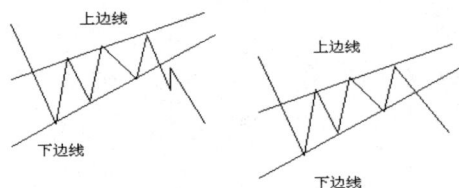

图8.29　上升楔形

上升楔形在形成过程中，成交量不断减少，呈现价升量减的反弹特征。上升楔形是诱多陷阱，表示升势已尽，是一个卖出信号。投资者不要被低点上移迷惑，要保持警惕，还是以持币观望为妙。

另外,上升楔形上下两条线收敛于一点,而价格理想的跌破点是由第一个低点开始,直到上升楔形尖端之间距离的三分之二处。有时候,价格可能会一直移动到楔形的尖端,出了尖端后还稍微上升,然后才大幅下跌。

图8.30所示为好客转债(113542)2021年12月28日至2022年3月8日的日K线图。

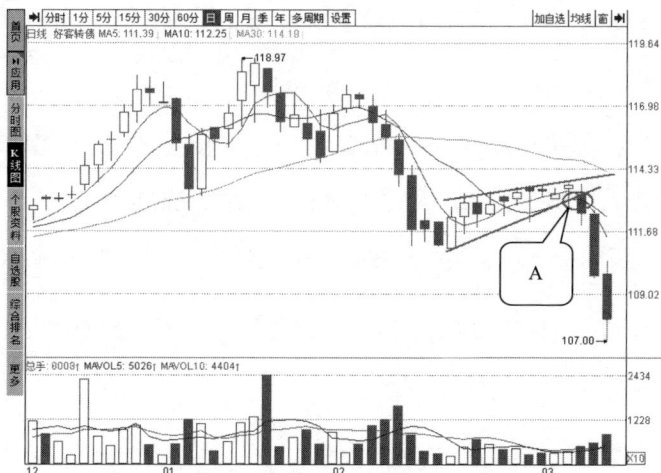

图8.30　好客转债(113542)2021年12月28日至2022年3月8日的日K线图

好客转债(113542)的价格经过长时间、大幅度的上涨后,创出118.97元高点。需要注意的是,价格在高位震荡出现头肩顶,这意味着价格要开始大跌了。

价格形成头肩顶后,出现反弹,反弹形成上升楔形,即低点不断抬高,高点之后还有高点,从表面上来看是一个相当明显的上升通道。但要明白,价格已形成头肩顶,并且价格现处高位,一旦出现什么风吹草动,价格可能就会大跌,在这里一定要关注不好的K线信号,一旦出现,先减仓或清仓出局再说。

在A处,价格跌破了上升楔形的下边线,所以,在这里最好及时出局观望。从其后的走势可以看到,价格跌破下边支撑线后,就开始连续下跌行情,不及时出局就会造成盈利回吐,甚至由盈利变亏损。

8.4.7 矩形实战技巧

矩形是价格一连串在两条水平的上下界线之间变动而成的形态。价格在
其范围之内反复运动,价格上升到某水平线时遇阻力回落,但很快又获得支撑
并反弹,但回升到上次同一高点时再次受阻,而在回调到上次低点时又获得支
撑。如果将价格的最高点和最低点分别用直线连接起来
就形成一个长方形,最后寻求向下或向上突破。矩形的
图形如图8.31所示。

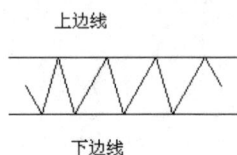

图8.31 矩形

在矩形形成过程中,成交量不断减少,上下反反复复
运行,直到一方力量耗尽,出现突破方向为止。在矩形盘整过程中,投资者还是
不介入为宜,如果向上突破,可采取做多策略;如果向下突破,则采取卖出策略。

图8.32所示为奇精转债(113524)2021年6月21日至2021年12月3日的日
K线图。

图8.32 奇精转债(113524)2021年6月21日至2021年12月3日的日K线图

奇精转债(113524)的价格经过一波明显上涨后,出现了快速回调。快速
回调结束后,开始在低位反复震荡,然后形成矩形形态。

在A处,价格向上突破矩形上边压力线,这意味着震荡结束,又要开始新
的一波上涨行情了,所以,在A处,投资者要敢于重仓买进该可转债。

从其后的走势可以看出,在A处买进,耐心
持有,会有相当不错的投资收益。

图8.33所示为惠城转债(123118)2021年
11月15日至2021年3月9日的日K线图。

> 提醒:为了防止是假突破,又怕错
> 过行情,可以分批建仓,可以先建
> 三分之一仓位,然后再根据行情走
> 势不断加仓。

图8.33　惠城转债(123118)2021年11月15日至2021年3月9日的日K线图

惠城转债(123118)的价格经过长时间、大幅度的上涨后,创出146.772元
高点。需要注意的是,在创出高点这一天,价格收出一根带有长长上影线的阳
线,这表明价格有转势的可能。

随后价格在高位略震荡就开始快速下跌,先是跌破5日、10日均线,然后
下跌到30日均线附近,价格开始反弹,然后进入长时间的震荡之中。

在反复震荡过程中,出现矩形形态。投资者一定要明白,价格已大幅度上涨,
在高位震荡,如果不能向上突破,一旦下跌,就可能大跌,所以,当价格跌破矩形
下边线时,要第一时间果断、坚决卖出所有的可转债筹码,否则就会损失惨重。

在A处,价格跌破矩形下边线,这往往意味着震荡结束,要开始下跌行情
了,所以,要果断卖出手中所有筹码。从其后的走势可以看出,如果不卖出筹
码,就会由盈利变亏损,甚至被深套。

8.4.8　收敛三角形实战技巧

收敛三角形每次上涨的高点连线与每次回落的低点连线相交于右方,呈收敛状,其形状像一个三角形。收敛三角形的图形如图8.34所示。

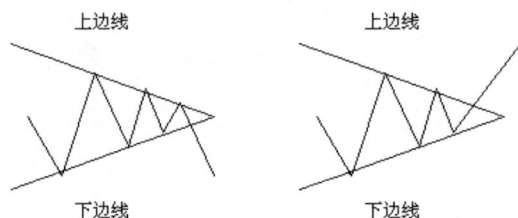

图8.34　收敛三角形

收敛三角形是因为买卖双方的力量在该段价格区域内势均力敌,暂时达到平衡状态所形成。

价格从第一个短期性高点回落,但很快便被买方消化,推动价格回升;但购买的力量对后市没有太大的信心,又或是对前景感到有点儿犹疑,因此,价格未能回升至上次高点已经掉头,再一次下跌。

在下跌阶段中,那些卖出的投资者不愿意太低价出售或对前景仍存有希望,所以,回落的压力不强,价格未跌到上次的低点便已告回升,买卖双方的观望性争执使价格的上下小波动日渐缩窄,形成此形态。

成交量在收敛三角形成的过程中不断减少,正反映出双方力量对后市犹疑不决的观望态度,使得市场暂时沉寂。

由于收敛三角形属于整理形态,所以,只有在价格朝一个方向明显突破后,才可以采取相应的买卖行动。如果价格往上冲破阻力(必须得到大成交量的配合),就是一个短期买入信号;反之若是往下跌破(在低成交量之下跌破),便是一个短期卖出信号。

图8.35所示为福能转债(110048)2021年7月9日至2021年9月22日的日K线图。

图8.35　福能转债（110048）2021年7月9日至2021年9月22日的日K线图

福能转债（110048）的价格在上涨行情中，出现横向盘整。经过较长时间的横盘震荡，出现收敛三角形。需要注意的是，最后价格放量突破上方压力线，这表明价格要开始新的上涨行情了，所以，投资者在A处可以买进该可转债。

图8.36所示为斯莱转债（123067）2021年11月19日至2022年3月9日的日K线图。

图8.36　斯莱转债（123067）2021年11月19日至2022年3月9日的日K线图

　　斯莱转债（123067）的价格经过一波反弹上涨，创出338.318元高点。随后价格经过一波明显下跌，价格开始震荡反弹，这时出现收敛三角形形态。在A处，价格跌破收敛三角形的下边线支撑，意味着震荡盘整结束，要开始新的一波下跌行情，所以，投资者在A处要果断卖出手中的筹码。

第 9 章

可转债的套利实战技巧

由于可转债同时具有债券和股票特性，所以，其作为一种复合型的金融衍生品种，在交易过程中很容易出现套利机会。本章讲解可转债四种常见的套利交易，即折价转股套利、正股涨停转股套利、回售套利和强赎套利。

本章主要内容包括：

➤ 折价转股套利的定义

➤ 查看可转债的折价转股套利步骤和理论套利空间

➤ 利用转股溢价率快速查找可以折价转股套利的可转债

➤ 利用套利空间快速查找可以折价转股套利的可转债

➤ 持仓折价转股套利

➤ 无持仓折价转股套利

➤ 正股涨停转股套利的定义

➤ 正股涨停转股套利的实战技巧

➤ 什么是可转债的回售

➤ 可转债的回售套利的实战技巧

➤ 如何查找即将触发回售的可转债

➤ 强赎的定义及套利的原理

➤ 可转债的强赎套利实战技巧

9.1 可转债的折价转股套利

折价转股套利是可转债套利中最常见的投资策略，如果能灵活应用，可以为投资者增加不少超额收益。

9.1.1 什么是折价转股套利

折价转股套利是指可转债的现价低于转股价值时，投资者可以买进可转债，然后按约定价格转股，第二个交易日再卖出正股，从而实现盈利。

为什么说可转债的现价低于转股价值时，就会出现套利机会呢？

这是因为，转股价值是可转债转换成股票后的理论价值，其计算公式为：

转股价值=可转债的面值÷转股价格×正股价格

例如，某可转债的正股价格为15元，转股价格为10元，那么转股价值=100÷10×15=150元。

如果可转债的价格为132元，即可转债现价（132）小于转股价值（150），这时就可以买进可转债，然后按转股价格转换成正股股票，然后按150元的价格卖出，就可以实现150−132=18（元）的盈利，这就是折价转股套利。

9.1.2 查看可转债的折价转股套利步骤和理论套利空间

打开同花顺软件，选择菜单栏中的"行情/债券/可转债"选项，即可看到可转债的报价信息，如图9.1所示。

图9.1　可转债的报价信息

单击"转债套利"选项卡，即可看到可转债折价转股套利的步骤和理论套利空间，如图9.2所示。

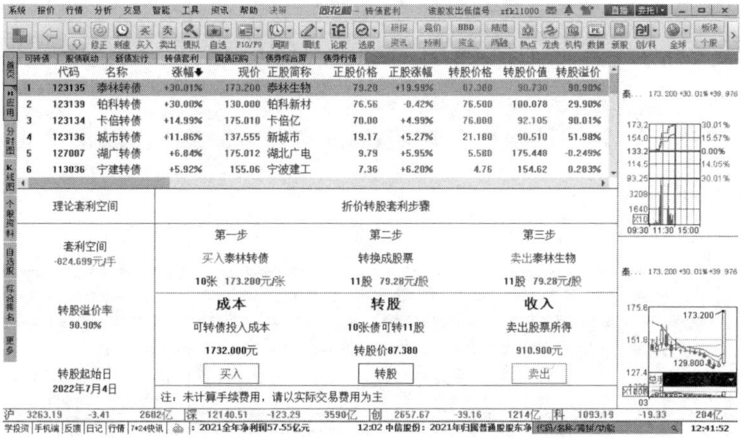

图9.2　可转债折价转股套利的步骤和理论套利空间

可转债折价转股套利的步骤具体如下：

第一步，买入可转债。由于当前选择的是泰林转债，所以，第一步就是买进泰林转债，这里买进为10张可转债，每张为173.2元，投入的成本为1 732元。

第二步，转换成正股股票。转换成正股股票的股数的公式为：

转换成正股股票的股数=可转债的面值÷转股价格×可转债张数

所以，买进泰林生物的股数=100÷87.38×10≈11.444 27（股），即11股。注意这时正股每股价格为79.28元。

> 提醒：申请转股最后得到的股份为整数股，当尾数不足1股时，公司将在转股日后的5个交易日内以现金兑付。兑付金额为小数点后的股数乘以转股价格，例如，剩余0.444 27股，转股价87.38元，则兑付金额为0.444 27×87.38=38.820 31元。

第三步，卖出股票。当前泰林生物的股价为79.28元，如果卖出11股，获利的资金为79.28×11＝872.08元。这样转股后卖出股票所获得的总金额为872.08+38.820 31=910.900 31（元）。

下面来看一下折价转股套利的理论套利空间。

泰林转债的折价转股套利的套利空间为−824.699元。所以，这时利用泰林转债进行折价转股套利会亏损的，并且亏损较大。

泰林转债的转股溢价率为90.90%，转股起始日为2022年7月4日。

9.1.3 利用转股溢价率快速查找可以折价转股套利的可转债

可通过对比可转债的现价与转股价值的大小，查找可以折价转股套利的可转债，如图9.3所示。

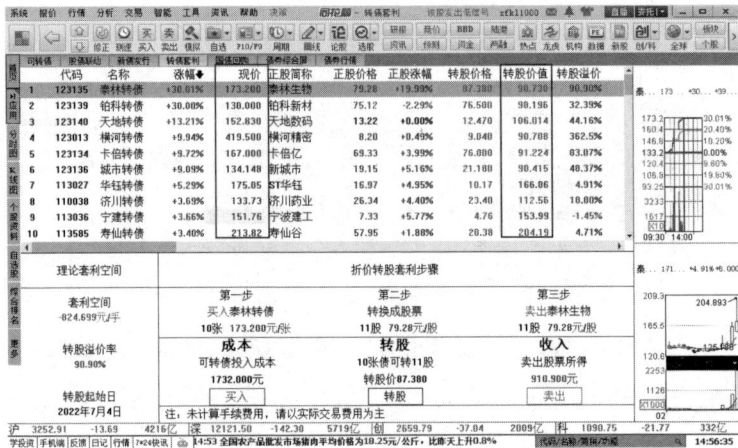

图9.3 可转债的现价与转股价值

只要可转债的现价小于其转股价值，就有折
价转股套利空间，投资者就可以进行套利操作。

通过对比可转债的现价与转股价值相当麻
烦。要简单快速找到可以折价转股套利的可转债那就看转股溢价率，其计算公
式为：

转股溢价率=可转债的现价÷转股价值×100%-100%

从公式可以看出，可转债的转股溢价率为负值时，该可转债就具有套利
空间。

在转债套利中，可以看到转股溢价率，如图9.4所示。

提醒：这里没有考虑手续费问
题，在实际交易中，还要考虑手续
费问题。

图9.4　可转债的转股溢价率

单击"转股溢价率"，可以按转股溢价率排序，这样可以轻松找到转股溢价
率小于0的可转债，如图9.5所示。

美诺转债的转股溢价率为-1.87%，每手套利空间为37.74元。另外，投资
者还要注意可转债的转股起始日。如果可转债具有较大的折价转股套利空间，
但该可转债还没有在转股期，那么，投资者就不能进行折价转股套利操作。

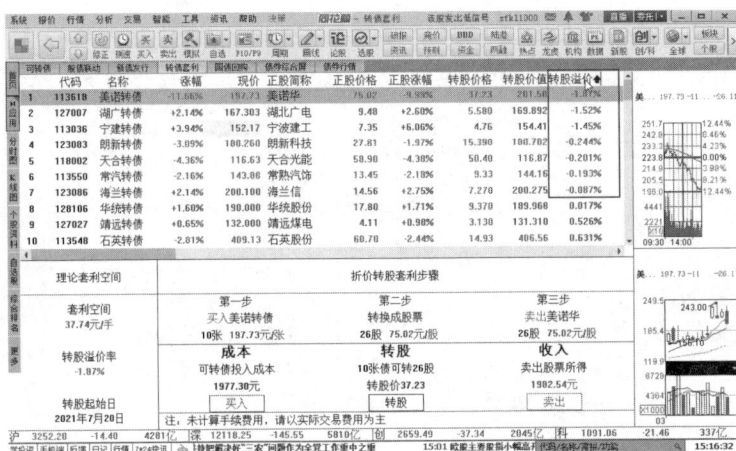

图9.5 转股溢价率小于0的可转债

9.1.4 利用套利空间快速查找可以折价转股套利的可转债

利用同花顺软件，还可以利用套利空间快速查找可以折价转股套利的可转债。在转债套利中，向右拖动水平滚动条，可以看到套利空间，如图9.6所示。

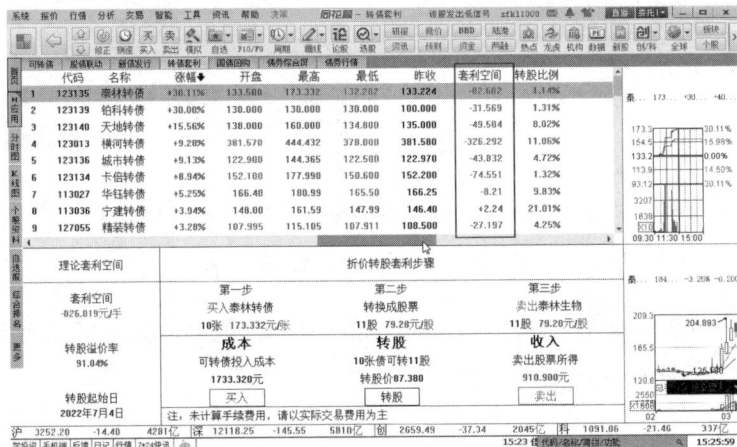

图9.6 可转债的套利空间

单击"套利空间"，可以按套利空间排序，这样可以轻松找到套利空间大于0的可转债，如图9.7所示。

图9.7　套利空间大于0的可转债

9.1.5　持仓折价转股套利

持仓折价转股套利，是指可转债在折价转股套利之前，投资者已持有该可转债对应的正股股票。

需要注意的是，一般套利操作都是在快收盘时，这是因为快收盘时，股价变动往往比较小，利于套利交易。

例如，在某交易日的14:45，投资者持有的一只股票的可转债的转股溢价率为−15.2%。那么，投资者可以先卖掉手中持有正股股票，然后买入相同金额的可转债，再委托转股即可。

> 提醒：持仓折价转股套利操作，可以降低股票的持仓成本。

9.1.6　无持仓折价转股套利

无持仓折价转股套利，是指可转债在折价转股套利之前，投资者没有持有该可转债对应的正股股票。

无持仓折价转股套利往往是在快收盘时买进可转债，接着委托转股，在第二个交易日卖出正股股票。

投资者需要注意的是，如果套利的人特别多，在第二个交易日，正股股票可能会出现大跌。这是因为，第二个交易日套利的人都选择卖出，这样卖压就会较大，从而出现较大幅度的下跌。

如果正股股票跌幅超过了折价率，投资者就会出现亏损。例如，买入可转债那个交易日，折价率是5%，第二个交易日正股股票的跌幅为7%，就会出现2%的亏损。

所以，折价转股套利在有持仓的情况下套利操作是最好的，如果没有底仓进行套利操作，就要估量折价率能不能覆盖第二天正股股票的跌幅，不确定性较大。

另外，如果投资者比较看好正股股票的中长期走势，这时转股溢价率又非常低，就可以买进可转债，然后委托转股，从而代替直接买正股股票。这是因为可转债有债底保护，可以计算出大概的亏损程度，而正股股票一旦跌起来，很难猜到底。

一般情况，转股溢价率很低的情况下，正股股票上涨时，可转债的价格也会跟着上涨，所以，买转股溢价率很低的可转债是相当不错的选择。

9.2 可转债的正股涨停转股套利

本节讲解可转债的正股涨停转股套利。

9.2.1 什么是正股涨停转股套利

正股涨停转股套利是指当正股股票涨停或即将涨停时，通过买入对应的可转债进行套利。

正股涨停转股套利的逻辑如下：

一般情况，正股股票的涨跌与可转债的涨跌呈正相关关系，即正股股票强势上涨，其对应的可转债也会跟着涨。我国证券市场实行涨跌停板制度，即主板股票日涨跌幅限制为10%，创业板股票和科创板股票日涨跌幅限制为20%。

这样，就给投资者提供了套利机会，即某只股票因为利好刺激一字涨停后，此时投资者无法再买入该股票。抱着"曲线进场"的理念，投资者可以直接购买该股票对应的可转债。

例如，某利好消息对一只股票形成刺激作用，正常上涨30%，由于涨跌幅限制，当日该股票只能上涨10%，即正股股票不能在一天内呈现利好消息作用下的所有涨幅。但正股股票对应的可转债可以将利好消息的作用，一天内悉数展现出来。

9.2.2　正股涨停转股套利的实战技巧

打开同花顺软件，选择菜单栏中的"行情/债券/可转债"选项，即可看到可转债的报价信息，单击"转债套利"选项卡，如图9.8所示。

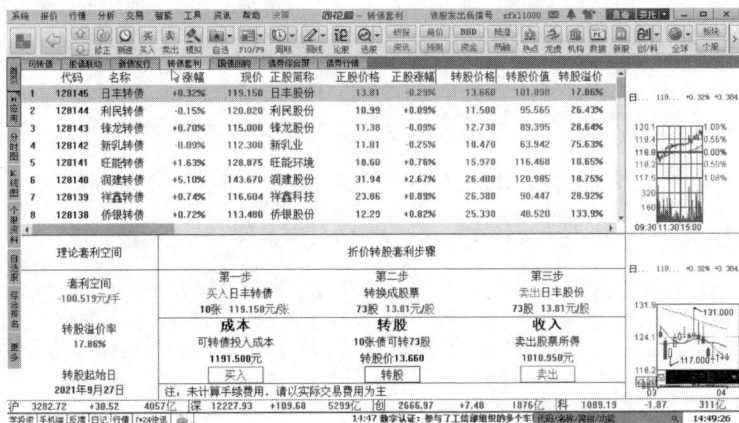

图9.8　转债套利

单击"正股涨幅",按正股涨幅排序,可以轻松找到正股涨停或即将涨停的可转债,如图9.9所示。

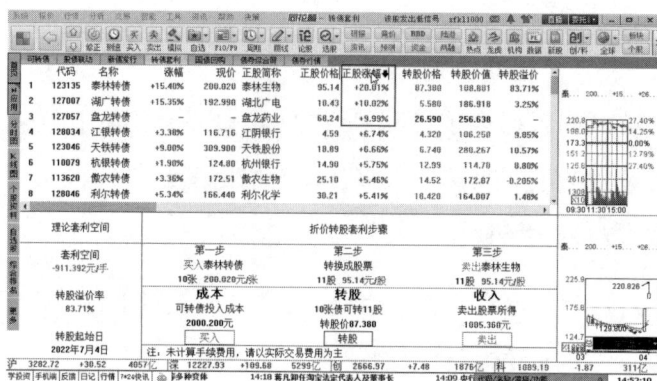

图9.9 找到正股涨停或即将涨停的可转债

在某只股票临近涨停时,应着手买入该股票对应的可转债。当正股股票涨停后,投资者可以利用可转债的T+0交易规则,当日卖出跟涨的可转债;也可以持有可转债至次日,寄希望于次日正股股票和可转债都进一步上涨。

需要注意的是,这种操作策略有两个缺点,具体如下:

第一,证券市场瞬息万变,正股股票涨停借道转债套利的机会很快会被市场消化掉,这就要求投资者实时关注证券市场上即将涨停的股票,根据走势及时做出反应。一般投资者很难有这样的时间与精力。

第二,正股股票后续走势的不确定性,即当正股股票涨停后,就盲目买入对应可转债,这里存在很大的不确定性。例如,正股股票涨停后,其对应的可转债跟涨幅度可能并不大。再如,正股股票的涨停板当天被打开,转向出现下跌,因此会带动可转债下跌;还有可能当日的涨停板就是正股股票的极限,第二日正股股票会受大盘波动等方面的影响转而下跌,此时其对应的可转债也会跟跌,有时还可能比正股股票跌得更凶。

所以,在利用正股涨停转股套利时,需要对正股股票进行严格筛选,以降低潜在的套利风险。

正股涨停转股套利的注意事项有五点，分别是可转债正股开盘就涨停、可转债正股涨停封单大、可转债的规模小、可转债的价格不高、可转债的转股溢价率低，如图9.10所示。

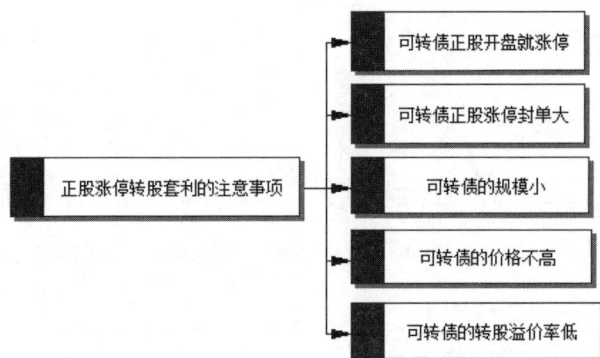

图9.10　正股涨停转服套利的注意事项

1. 可转债正股开盘就涨停

可转债的正股股票涨停的时间越早，意味着为主力做多越坚决，说明后市继续上涨的概率越大，所以，投资者要关注集合竞价这段时间，即9:15—9:25。

需要注意的是，9:15—9:19:59，这个时间段可以挂单也可以撤单，所以，这个时间段的竞价可以不必太在意，最主要是看9:20—9:25这个时间段，这个时间段可以挂单，但是不能撤单，所以，这个时间段才有效，能看出资金真正的意图

2. 可转债正股涨停封单大

可转债的正股股票涨停以后，要关注一下涨停价的买单情况。涨停价的封单的金额越大，说明愿意买进的资金就越大，即有大量的资金想买进，没有投资者想卖出，这往往意味着后市还会继续上涨。

一般情况下，投资者可以在9:23左右去看正股股票的封单金额，正股股票的封单金额最好要在1亿元以上。如果封单金额大，正股股票对应的可转债竞价的价格也不断抬高，那么可以在9:24左右买正股股票对应的可转债，期待可转债开盘继续往上冲，价格可以稍微挂高一点，为了竞价时能够买得进，开盘后冲高回落时就可以卖出。

3. 可转债的规模小

一般情况下，可转债剩余规模越小，越容易被操作，短时间内容易迅速拉升；相反，剩余规模越大，拉升所需的资金量越大，上涨起来就比较吃力。可转债的剩余规模如图9.11所示。

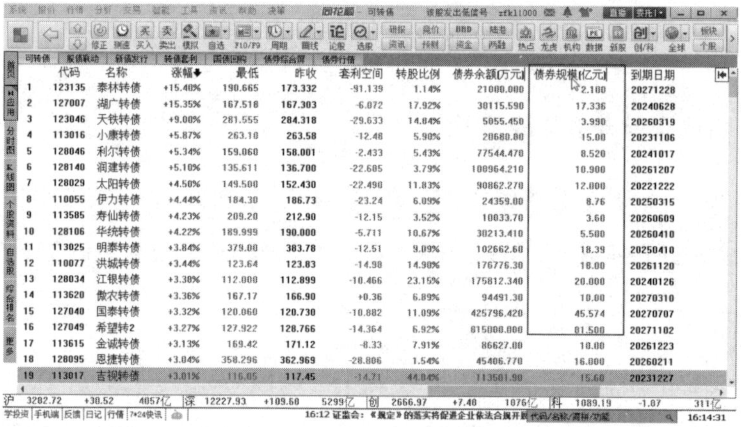

	代码	名称	涨幅	最低	昨收	套利空间	转股比例	债券余额(万元)	债券规模(亿元)	到期日期
1	123135	泰林转债	+15.40%	190.665	173.332	-91.139	1.14%	21000.000	2.100	20271228
2	127007	湖广转债	+15.35%	167.518	167.303	-6.072	17.92%	30115.590	17.336	20240628
3	123046	天铁转债	+9.00%	281.555	284.318	-29.633	14.84%	5055.450	3.990	20260319
4	113016	小康转债	+5.87%	263.10	263.58	-12.48	5.90%	20680.00	15.00	20231106
5	128046	利尔转债	+5.34%	159.060	158.001	-2.433	5.43%	77544.470	8.520	20241017
6	128140	润建转债	+5.10%	135.611	136.700	-22.605	3.79%	100964.210	10.900	20261207
7	128029	太阳转债	+4.50%	149.500	152.430	-22.490	11.83%	90862.270	12.000	20221222
8	110055	伊力转债	+4.44%	184.30	186.73	-23.24	6.09%	24359.00	8.76	20250315
9	113585	寿仙转债	+4.23%	209.20	212.90	-12.15	3.52%	10033.70	3.60	20260609
10	128106	华统转债	+4.22%	189.999	190.000	-5.711	10.67%	30213.410	5.500	20260410
11	113025	明泰转债	+3.84%	379.00	383.78	-12.51	9.09%	102662.60	18.39	20250410
12	110077	洪城转债	+3.44%	123.64	123.83	-14.98	14.90%	176776.30	18.00	20261120
13	128034	江银转债	+3.38%	112.000	112.899	-10.466	23.15%	175812.340	20.000	20240126
14	113620	傲农转债	+3.36%	167.17	166.90	+0.36	6.89%	94491.30	10.00	20270310
15	127040	国泰转债	+3.32%	120.060	120.730	-10.882	11.09%	425796.420	45.574	20270707
16	127049	希望转2	+3.27%	127.922	128.766	-14.364	6.92%	815000.000	81.500	20271102
17	113615	金诚转债	+3.13%	169.42	171.12	-8.33	7.91%	86627.00	10.00	20261223
18	128095	恩捷转债	+3.04%	358.296	362.969	-28.806	1.54%	45406.770	16.000	20260211
19	113017	吉视转债	+3.01%	116.05	117.45	-14.71	44.04%	113501.90	15.60	20231227

图9.11　可转债的剩余规模

4. 可转债的价格不高

对可转债的价格来讲，130元是个分水岭。可转债的价格超过130元，可转债的股性比较强，单日的涨跌幅波动比较大，这种可转债的风险也相应比较大；可转债的价格低于130元，此时可转债的债性偏强，即使套利失败，跌幅也不会太大。所以，在套利时，投资者比较青睐低价可转债。

5. 可转债的转股溢价率低

一般情况下，可转债的转股溢价率越低，可转债的价格上涨潜力越大，套利风险越小。

9.3　可转债的回售套利

本节讲解可转债的回售套利。

9.3.1　什么是可转债的回售

下面用一个小实例进行讲解。

药材公司老板李某，计划再开一家公司，找周某来投资，但周某想入股参与经营，但害怕风险。于是，他们两人商量一种投资方式，具体如下：

周某先不急着入股，而是低息借给李老板20万元（面值为100元，一共2 000张），借期为6年，如果半年之后，周某认为李老板的药材公司生意有前途，就可以按照现在入股的价格（10元/股，即转股价），把李老板打的欠条转换成股份，这样周某就从债主变成股东。

> 提醒：这个可以转换成股份的欠条就是可转债。

不过，周某也担心，如果李老板的药材生意不好怎么办？或者李老板拿着20万元，不搞经营而是去炒股怎么办？难道就这样拿着这么低的利息等6年吗？

所以，他们两个人又约定在两种情况下，周某有权要求李老师提前还本付息，具体如下：

第一种情况：在最后两年，如果药材生意仍不怎么赚钱，甚至还亏钱，并且在连续三十个交易日之内，股价都在7元以下。

第二种情况：李老板拿着20万元钱，没有开公司，而是做别的投资了。

上述两种提前还本付息情况，就是可转债的回售。

第一种情况是有条件回售，即约定了几个条件，例如，回售只发生在最后两年，要满足一段时间内股价一直在某个数值以下。

第二种情况是附加回售，又称无条件回售，即改变了资金用途。

> 提醒：附加回售在整个回售里面发生的概率小，也没有交易和套利的空间，所以，一般说的可转债的回售是指第一种有条件回售。

9.3.2 可转债的回售套利的实战技巧

可转债的回售套利就是利用可转债的回售条款，对可转债进行低买高卖，赚取差价。

可转债的回售套利有两种情况，分别是上市公司执行了回售、博弈上市公司将采取措施避免回售。

> 提醒：可转债回售套利的前提，是可转债处于回售期内或离回售期比较近。

1. 上市公司执行回售

一般情况下，上市公司是不会回售的，因为回售会损害上市公司的利益。上市公司发行可转债的目的是用超低的利息获取长期资金，另外，因为上市公司资金面紧张而发行。所以，上市公司发行可转债的终极目标是将可转债投资者变成公司股东，这样就不用还债了。回售的结果是上市公司要提前还债，上市公司当然不情愿。

投资者手中的可转债，可以回售给上市公司，也可以不回售直接在市场上卖出，还可以什么也不做等待更合适的交易机会，或者持有到期。具体怎么做，看哪种选择对投资者最有利。

第一种选择，投资者参与回售。回售是给投资者兜底、保本的条款，所以，在大多数情况下，选择回售是有利的。比如上面的例子，李老板的药材公司股价下跌超过30%，其对应的可转债的价格也跌到75元/张。周某心里想，还好没有入股，快点回售给李老板，收回投资。当然，市场上也有脑子很灵光的投资者，早就算到李老板要回售可转债，也可能下修转股价。所以，会提前在市场中买入可转债，成本75元/张。现在回售给李老板，套利收益超过25%（回售价会高于100元/张）。

第二种选择，投资者放弃回售，在市场上卖出。还以李老板的药材公司为例，虽然股价下跌超过30%，但是市场上有一些投资者愿意出103元/张的价格买他家的可转债，比回售价101元/张高出了2元/张。所以，如果周某想提前收回投资，卖给这些投资者比回售卖给李老板划算。

第三种选择，投资者放弃回售，等下修转股价后卖出或转股。一些投资者手持李老板药材公司的可转债，并不打算回售而是博弈下修，因为他们认为李老板药材公司下修转股价的可能性比较大，判断的依据有三点，具体如下：

第一，市场上绝大多数公司发可转债融资，最终都是为了转成股份，而不是还钱。李老板药材公司例外的可能性不超过10%。

第二，李老板药材公司不是真的想这样，因为李老板药材公司的账上没有那么多现金。之所以发出回售公告，一是其的义务，必须要发，二是其知道现在市场交易价格比回售价高，预计很少有人会去做回售，所以，暂时不着急采取措施。

第三，只有下修转股价才能解决李老板药材公司的困境，而一旦下修，这笔投资收益率可能达到30%。

第四种选择，投资者放弃回售，持有到期。如果投资者没有等到李老板药材公司下修转股价，也没有合适的卖出机会，最终只能持有到期，并按事先约定的价格收回本金和利息。

2. 博弈上市公司将采取措施避免回售

上市公司为了避免可转债的回售，可能会拉升可转债对应的正股股票价格，也可能会下修转股价格，这两种方式都会造成可转债价格的上涨。

如果判断上市公司将会采取措施来避免可转债的回售，那么就有两种套利方法，具体如下：

第一种，买入可转债，博弈上市公司下修转股价格，在下修后卖出可转债或转股套利。需要注意的是，博弈上市公司下修转股价格套利存在风险，比如上市公司没有下修而是进行了回售，或者下修不到位。因此，建议投资者尽量在回售价以下买入可转债，或者在买入时参考可转债到期收益率，到期收益率大于货币基金的收益率，套利相对较好。

第二种，在当期转股价的70%以下，买入正股股票，博弈上市公司发布利好，拉升股价后卖出股票；或者在可转债处于折价时（溢价率为负），买入可转债，然后折价转股套利。

9.3.3 如何查找即将触发回售的可转债

投资者要进行可转债的回售套利，就需要知道哪些可转债即将触发回售条款。同花顺软件没有提供该项功能，投资者可以利用集思路网站查找，下面进行具体讲解。

在浏览器的地址栏中输入"https://www.jisilu.cn"，然后按回车键，进入集思路网站的首页，如图9.12所示。

单击实时投资数据中的"可转债"，即可看到可转债的报价信息，如图9.13所示。

单击导航栏中的"回售"，即可看到可转债的回售条款和回售触及天数信息，如图9.14所示。

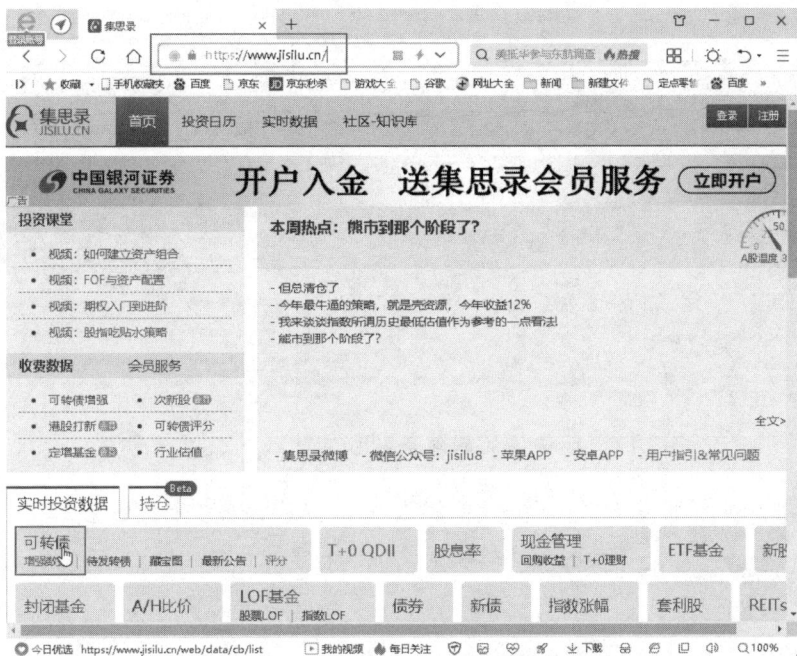

图9.12　集思路网站的首页

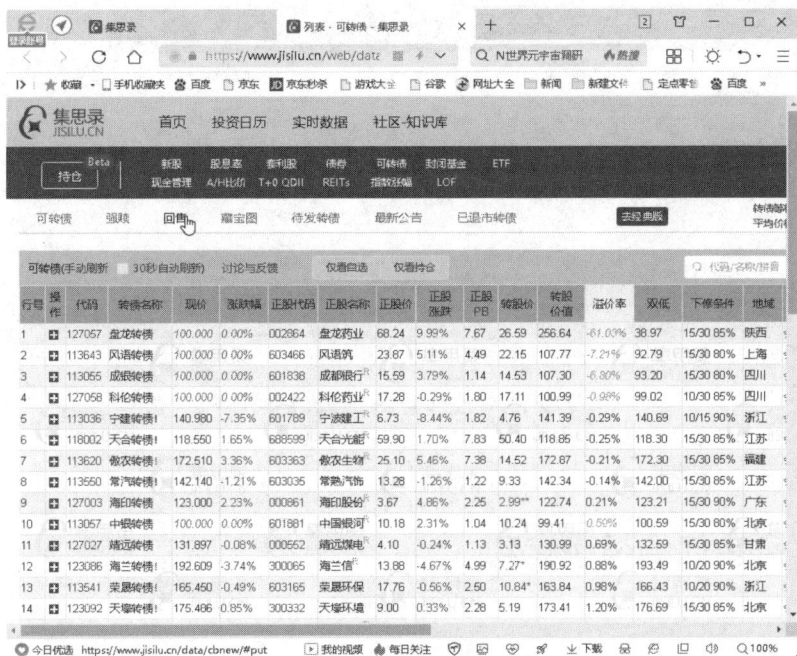

图9.13　可转债的报价信息

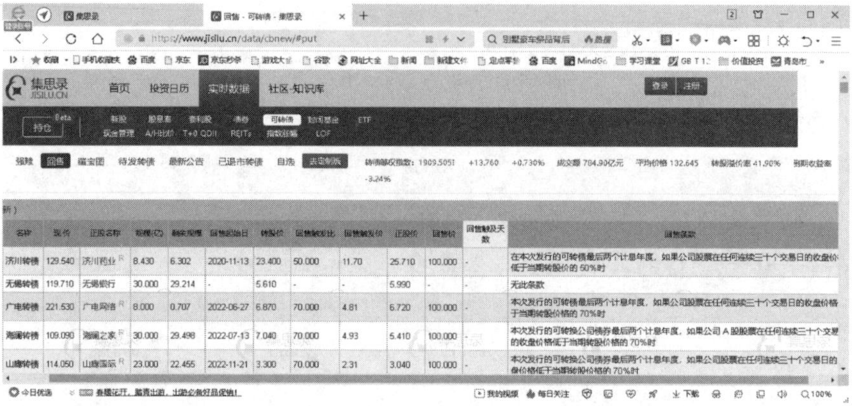

图9.14　可转债的回售条款和回售触及天数信息

单击"回售触及天数"，按回售触及天数排序，排在前面的就是即将触发回售的可转债，如图9.15所示。

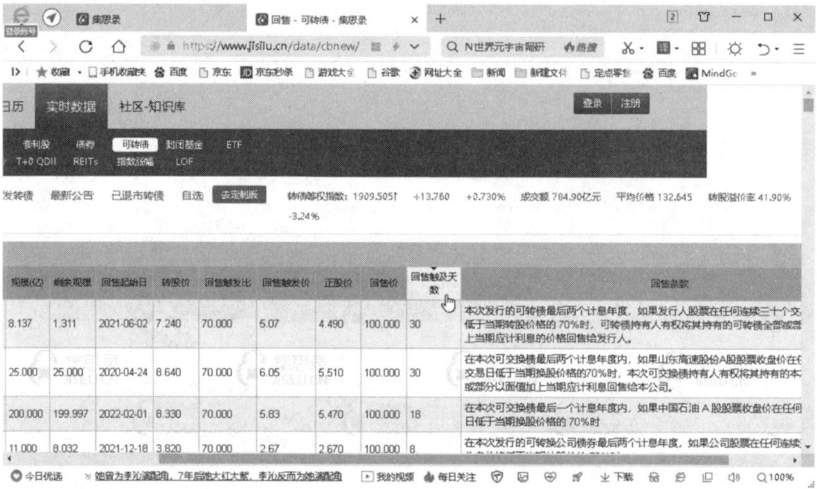

图9.15　按回售触及天数排序

9.4　可转债的强赎套利

本节讲解可转债的强赎套利。

9.4.1　什么是强赎

可转债的强赎条款是发行人（上市公司）的权利而非义务。一般的强赎条款内容为：在转股期内，任何连续三十个交易日中至少十五个交易日正股收盘价不低于当期转股价的130%（含130%），公司有权以转债面值加当期应计利息的价格赎回全部或部分未转股的可转债。

2021年1月31日起施行的可转债新规中对强赎的规定为：发行人（上市公司）决定不行使赎回权的，在证券交易场所规定的期限内不得再次行使赎回权。监管将明确规定时间内转债的可赎回次数，正股基本面不强、上涨动力不足的发行人（上市公司）放弃赎回的成本将提升。

可转债强赎的主要目的是促进可转债持有人转股。当可转债触发强赎条款时，强赎价格只有100元出头，远低于此时的转股价值。因此，理性投资者会选择转股或卖出可转债。

> 提醒：可转债强制赎回一旦触发，上市公司发出强赎公告，意味着可转债持有人只能将可转债卖出或者转股，否则，上市公司将会以极低价格赎回可转债。

9.4.2　强赎套利的原理

据统计，历史上有90%以上的可转债都是因为触发强制赎回而消失的。所以，投资者可以利用这个方式来进行可转债的低风险套利。

从强制赎回的条款中，投资者可以知道三十个交易日内有十五个交易日，股价在转股价的30%以上时，就会触发强制赎回。那么，此时可转债的价格是多少呢？

可转债的价格=目前股价÷转股价×100+溢价

一般情况下，由于可转债的债性，都是具有正溢价的。那么，结合可转债的强赎条款，触发强制赎回时，可转债的价格通常在130元以上，甚至更多。也就是说，130元是一个强赎点。那么，只要以一个低于130元的合理价格去买入可转债，耐心持有到强制赎回，即可获利。

获利金额=［（130-成本）+利息］×数量

9.4.3　可转债的强赎套利实战技巧

下面从三个方面讲解可转债的强赎套利的实战技巧，即如何选择可以强制套利的可转债、如何买进、如何卖出。

1. 如何选择可以强制套利的可转债

选择可以强制套利的可转债，应注意以下七点。

第一，一般可转债的发行期限为6年。为了避免持有过长的时间，应选择还有2~3年就到期的可转债，如图9.16所示。

> 提醒：到期日期减去当前日期，就可以知道还有多长时间可转债到期。

图9.16　可转债的到期日期

第二，可转债对应的正股股票业绩无爆雷风险，没有被ST风险，如图9.17所示。

第三，可转债的转股溢价不可过高，一般小于30%。过高的溢价率可能会导致标的需要过长的持有时间，如图9.18所示。

第四，可转债的当前价格（现价）越低越好，低于100元更好，如图9.19所示。

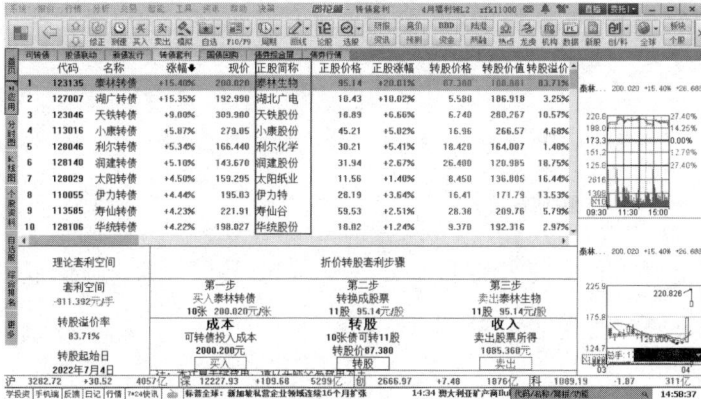

图9.17　可转债对应的正股股票

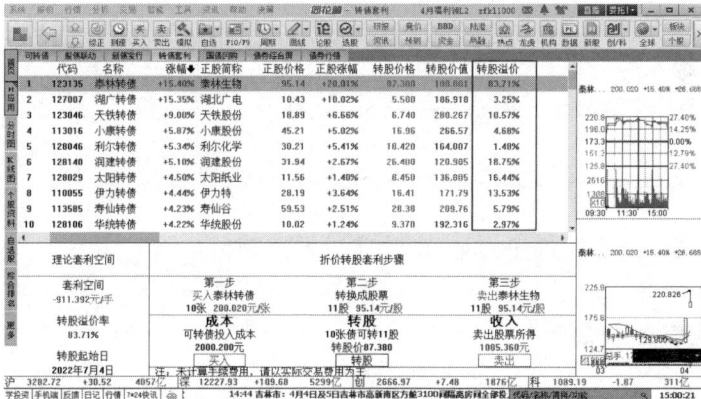

图9.18　可转债的转股溢价

图9.19　可转债的当前价格

第五，可转债的流动性要好。利用可转债的强赎套利，需要投资者长期持有。所以，可转债的流动性越高越好。

第六，可转债对应的正股股票的行业，成长性越高越好。因为行业成长性不高，很难有较好的套利机会。

第七，要会分散投资，不要只选择一两只可转债投资，避免个股出现黑天鹅事件，导致投资失败。

2. 如何买进可转债

选择好可以操作的可转债后，买进可转债时要注意以下三点。

第一，一定要结合股票的行情。不要在熊市初期买入，最好的时间是熊市末端，或者在股市调整一段时间后买入。

第二，分批买入可转债，以5元或10元为间隔分批进行买入。

第三，买入价格要低于130元，并且是越低越好。

3. 如何卖出可转债

如果出现以下几种情况，投资者就要择机卖出手中的可转债。

第一，股市出现一波明显的上涨行情，并且该可转债上涨到130元以上，可以择机卖出。

第二，如果可转债对应的正股股票行业和业绩都不错，并且投资者有较高的技术功能，那么，投资者可以结合正股股票的走势，进行择机卖出，这样收益可能最大。

第三，如果可转债对应的正股股票出现了黑天鹅事件，投资者要果断卖出出局。

第 10 章

可转债基金的投资策略

想进行可转债投资的投资者,如果没有时间研究可转债,或研究不明白可转债,可以通过可转债基金来投资可转债。基金投资是一种比较好的理财方式,也可以说是懒人理财方式,把钱交给基金公司的专家打理,以达到轻松投资、事半功倍的效果。

本章主要内容包括:

➤ 什么是基金和可转债基金

➤ 可转债基金的优势

➤ 可转债基金的档案、概况和基金经理

➤ 可转债基金的历史净值和分红送配

➤ 可转债基金的行业配置和财务报表

➤ 不选择刚发行的可转债基金

➤ 利用业绩选择可转债基金

➤ 利用规模大小选择可转债基金

➤ 利用持有人结构选择可转债基金

➤ 利用基金经理选择可转债基金

10.1　初识可转债基金

要进行可转债基金投资，首先要明白什么是可转债基金，然后还要明白可转债基金的优势。

10.1.1　什么是可转债基金

可转债基金是一类特殊的基金产品，其主要投资对象是可转换债券，某些可转债基金的主要投向还包括可转换优先股，因此，也称为可转换基金。

可转债基金投资于可转换债券的比例较高，往往在60%左右，高于债券型基金通常持有的可转换债券比例。

例如，华富可转债债券型证券投资基金（005793）的投资范围如下：

本基金的投资范围为具有良好流动性的金融工具，包括国内依法发行上市的股票（包含中小板、创业板及其他经中国证监会允许基金投资的股票）、权证、债券【包括国债、央行票据、金融债、企业债、公司债、短期融资券、中期票据、可转换债券（含可分离交易可转债）、可交换债券等】、资产支持证券、银行存款、同业存单、债券回购、国债期货，以及中国证监会允许基金投资的其他金融工具（但须符合中国证监会相关规定）。如法律法规或监管机构以后允许基金投资其他品种，基金管理人在履行适当程序后，可以将其纳入投资范围。

华富可转债债券型证券投资基金（005793）的投资目标：通过对可转债的积极投资，在严格控制风险的基础上，追求基金资产的长期稳定增值，如图10.1所示。

基金全称	华富可转债债券型证券投资基金	基金简称	华富可转债债券
基金代码	005793（前端）	基金类型	债券型-可转债
发行日期	2018年04月19日	成立日期/规模	2018年05月21日 / 2.932亿份
资产规模	0.91亿元（截止至：2021年12月31日）	份额规模	0.5450亿份（截止至：2021年12月31日）
基金管理人	华富基金	基金托管人	建设银行
基金经理人	尹培俊	成立来分红	每份累计0.00元（0次）
管理费率	1.00%（每年）	托管费率	0.20%（每年）
销售服务费率	—（每年）	最高认购费率	0.60%（前端） 天天基金优惠费率：0.06%（前端）
最高申购费率	0.80%（前端） 天天基金优惠费率：0.08%（前端）	最高赎回费率	1.50%（前端）
业绩比较基准	60%×中证可转换债券指数收益率+30%×上证国债指数收益率+10%×沪深300指数收益率	跟踪标的	该基金无跟踪标的
基金管理费和托管费直接从基金产品中扣除，具体计算方法及费率结构请参见基金《招募说明书》			

○ 投资目标
本基金通过对可转债的积极投资，在严格控制风险的基础上，追求基金资产的长期稳定增值。

○ 投资理念
暂无数据

○ 投资范围
本基金的投资范围为具有良好流动性的金融工具，包括国内依法发行上市的股票（包含中小板、创业板及其他经中国证监会允许基金投资的股票）、权证、债券（包括国债、央行票据、金融债、企业债、公司债、短期融资券、中期票据、可转换债券（含可分离交易可转债、可交换债券等）、资产支持证券、银行存单、同业存单、债券回购、国债期货以及中国证监会允许基金投资的其他金融工具（但须符合中国证监会相关规定）。如法律法规或监管机构以后允许基金投资其他品种，基金管理人在履行适当程序后，可以将其纳入投资范围。

图10.1　华富可转债债券型证券投资基金（005793）的投资范围和投资目标

10.1.2　可转债基金的优势

可转债基金的优势主要表现在两个方面，具体如下：

第一，可转债定价机制非常复杂，普通投资者很难熟练掌握，并且需要投入较多的时间和精力。基金公司有专门的人员研究和跟踪可转债，并且比普通投资者专业。另外，基金公司通过汇集小额资金统一投资于可转债市场，可以最大限度降低信息收集成本、研究成本、交易成本等，从而获得规模效益，使得投资者可以分享转债市场的整体收益。

第二，可转债基金的主要投资对象为可转换债券，而可转换债券具有风险较低而收益较大的特征。可转债基金通常利用可转换债券的债券特性规避系统性风险和个股风险、追求投资组合的安全和稳定收益，并利用可转换债券内含的股票期权，在股市上涨中进一步提高基金的收益水平。

10.2 查看可转债基金的信息

可以利用天天基金网来查看可转债基金的信息。进入天天基金网的首页,向下拖动垂直滚动条,即可看到基金超市,有不同类型的基金产品,如图10.2所示。

图10.2 基金超市

单击"债券型",即可看到所有债券型基金,如图10.3所示。

图10.3 所有债券型基金

债券型基金包括四种,分别是长期纯债基金、短期纯债基金、混合债基金和可转债基金。

单击"可转债"，即可看到所有可转债基金的信息，如图10.4所示。

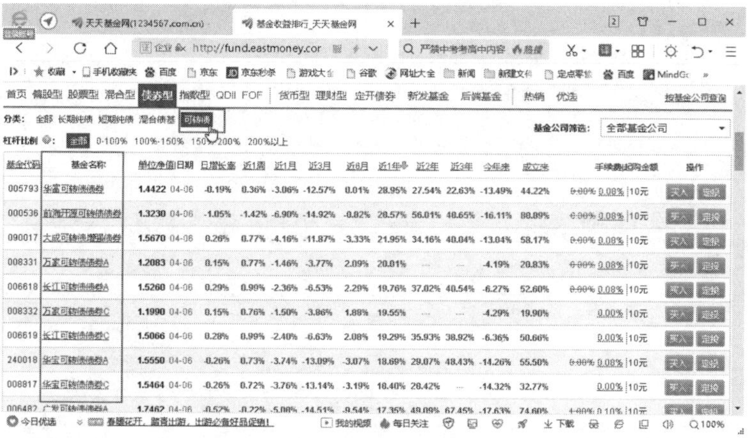

图10.4　所有可转债基金的信息

如果想投资某只可转债基金，就需要详细了解该可转债，下面以大成可转债增强债券基金（090017）为例来进行讲解。

10.2.1　可转债基金的档案

单击"大成可转债增强债券"，进入该可转债基金页面，该基金档案信息如图10.5所示。

图10.5　大成可转债增强债券基金档案信息

单击"股票仓位测算图"选项卡，即可看到该可转债基金的股票仓位测算图，如图10.6所示。

图10.6 大成可转债增强债券基金的股票仓位测算图

单击"债券持仓"选项卡，即可看到该可转债基金的债券持仓信息，如图10.7所示。

图10.7 大成可转债增强债券基金的债券持仓信息

向下拖动垂直滚动条，即可看到该可转债基金的单位净值走势，如图10.8所示。

图10.8　大成可转债增强债券基金的单位净值走势

可以查看最近1个月、3个月、6个月、1年、3年、5年的基金单位净值走势。

单击"累计净值走势",即可看到该可转债基金的累计净值走势,如图10.9所示。

> 提醒:单位净值,是指当前的基金总净资产除以基金总份额。其计算公式为:**基金单位净值＝总净资产 ÷ 基金份额**。累计净值就是单位净值＋过往分红,反映该基金自成立以来的总体收益情况。单位净值是提供一种即时的交易价格参考,投资者选择基金时不能只看最新净值的高低,从业绩比较角度来说,基金累计净值是比单位净值更重要的指标。

图10.9　大成可转债增强债券基金的累计净值走势

向下拖动垂直滚动条,即可看到该可转债基金的阶段涨幅、季度涨幅、年度涨幅,还可以查看该可转债基金的累计收益走势,如图10.10所示。

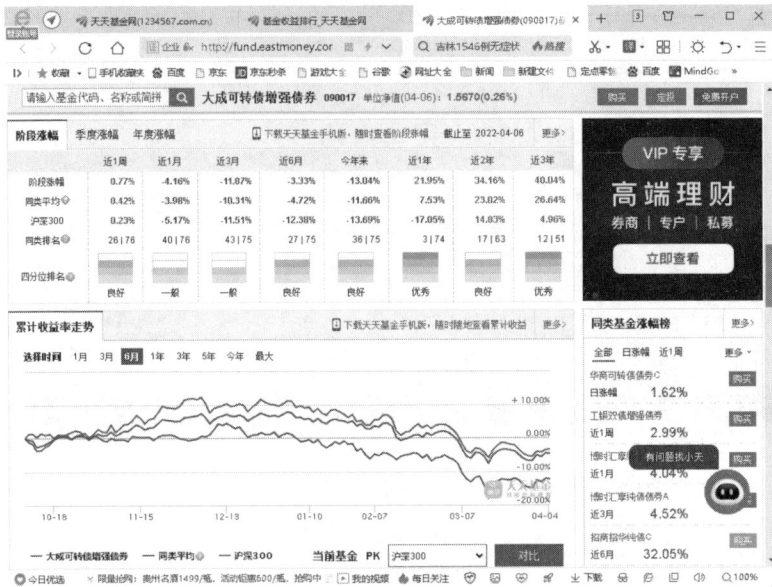

图10.10　大成可转债增强债券基金的阶段涨幅、季度涨幅、年度涨幅、累计收益走势

向下拖动垂直滚动条，即可看到该可转债基金的同类排名走势和百分比排列走势，如图10.11所示。

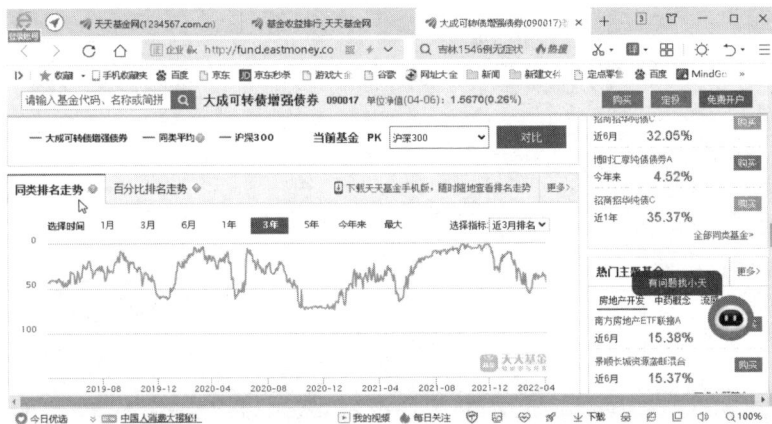

图10.11　大成可转债增强债券基金的同类排名走势和百分比排列走势

向下拖动垂直滚动条，还可以看到该可转债基金的规模变动、持有人结构、资产配置、申购赎回、基金换手率、业绩评价信息，如图10.12所示。

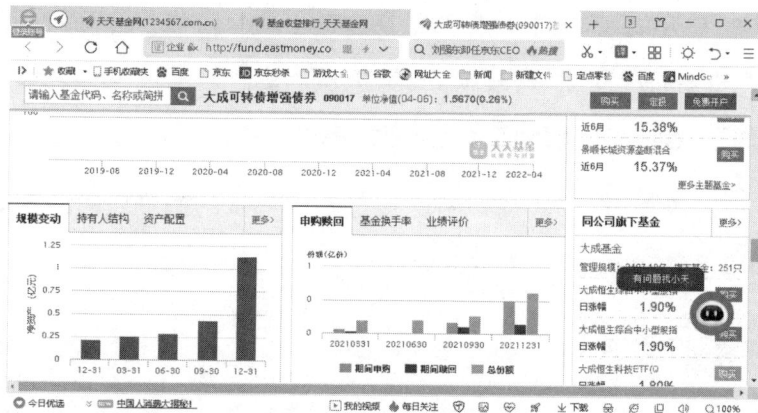

图10.12　大成可转债增强债券基金的规模变动、持有人结构、资产配置、申购
赎回、基金换手率、业绩评价信息

向下拖动垂直滚动条，还能看到该可转债基金的现任基金经理、基金经理
变动一览、基金资讯、基金公告信息。

10.2.2　可转债基金的概况

单击导航栏"基金档案"右侧的"基金概况"，即可看到该可转债基金的
基本概况信息，如图10.13所示。

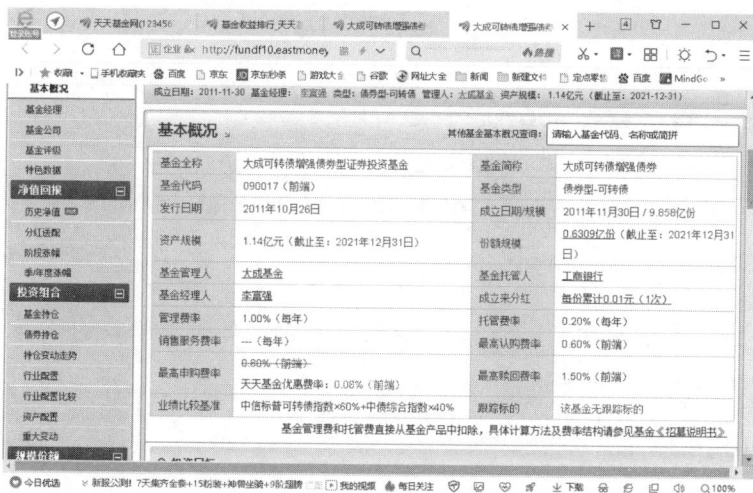

图10.13　大成可转债增强债券基金的概况

可以查看大成可转债增强债券基金的全称、简称、代码、类型、发行日期、成立日期和规模、资产规模、份额规模、基金管理人、基金托管人、基金经理人、成立以来分红、管理费率、托管费率等信息。

向下拖动垂直滚动条，可以看到该可转债基金的投资目标、投资理念、投资范围和投资策略，如图10.14所示。

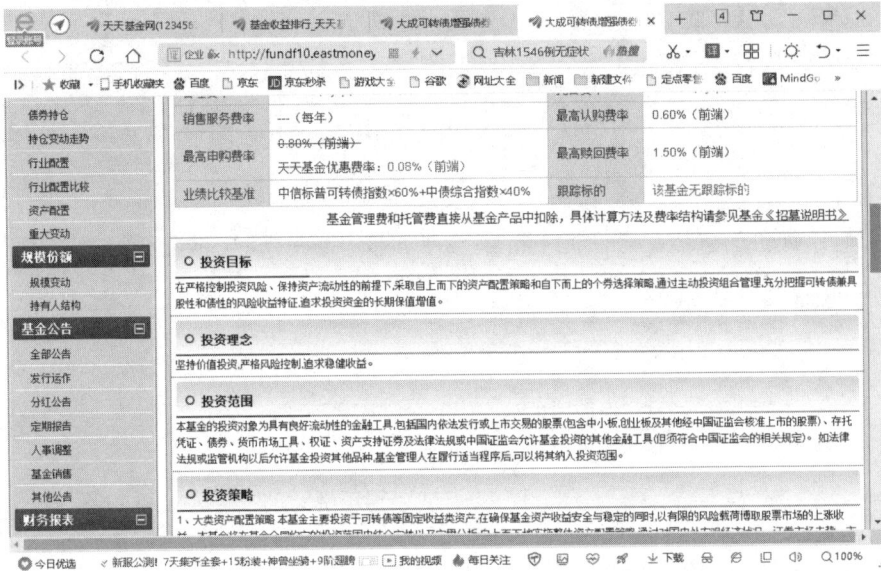

图10.14　大成可转债增强债券基金的投资目标、投资理念、投资范围和投资策略

10.2.3　可转债基金的基金经理

单击导航栏"基金概况"右侧的"基金经理"，即可看到该可转债基金的基金经理的详细信息，如图10.15所示。

向下拖动垂直滚动条，还可以看到现任基金经理以前管理的基金的信息，如基金名称、起始时间、截止时间、任职天数、任职回报、同类平均、同类排名等，如图10.16所示。

图10.15　可转债基金的基金经理的详细信息

图10.16　现任基金经理以前管理的基金的信息

10.2.4　可转债基金的历史净值

单击导航栏"历史净值"，即可看到该可转债基金的历史净值的明细信息，如图10.17所示。

图10.17　可转债基金的历史净值的明细信息

10.2.5　可转债基金的分红送配

单击导航栏"分红送配"，即可看到该可转债基金的分红送配信息，如图10.18所示。

图10.18　可转债基金的分红送配信息

10.2.6　可转债基金的行业配置

单击导航栏"行业配置"，即可看到该可转债基金的行业配置信息，如图10.19所示。

图10.19　可转债基金的行业配置信息

10.2.7　可转债基金的财务报表

单击导航栏"财务报表"，即可看到该可转债基金的财务报表信息，如图10.20所示。

图10.20　可转债基金的财务报表信息

还可以查看可转债基金的阶段涨幅、持仓明细、规模变化、持有人结构、基金公告、购买信息等。

10.3 挑选可转债基金的技巧

如果投资者可以承受10%的亏损，即遇到短期波动，心里能够承受这个回撤压力，并且投资资金两年以上都不会用，就可以关注可转债基金投资了。投资者如何挑选适合自己的可转债基金呢？

10.3.1 不选择刚发行的可转债基金

投资者要明白，可转债基金的波动性是比较大的。老基金已经运营有几年，有历史业绩可以参考。买刚发行的可转债基金，投资者不知道这位基金经理是否优秀，把钱交给一个不了解的基金经理，在一定程度上就有风险成分。

10.3.2 利用业绩选择可转债基金

下面来看一下选择可转债基金的"4433法则"。

第一个"4"代表选择两年、三年以来业绩表现排名在同类型产品前1/4的基金；

第二个"4"代表选择一年期业绩表现排名在同类型产品前1/4的基金；

第一个"3"代表选择近6个月业绩表现排名在同类型产品前1/3的基金；

第二个"3"代表选择近3个月业绩表现排名在同类型产品前1/3的基金。

简单地说，"4433法则"背后的核心思想，其实还是关注基金的长期"持久力"而非短期"爆发力"。

10.3.3　利用规模大小选择可转债基金

投资者需要知道,可转债基金的规模没有股票基金、混合基金的规模大,一般选择1亿~20亿元规模的可转债基金。

需要注意的是,如果可转债基金的规模小于5 000万元,就很容易被清盘,所以,不能投资规模小于5 000万元的可转债基金。大成可转债增强债券基金的规模变化如图10.21所示。

日期	期间申购（亿份）	期间赎回（亿份）	期末总份额（亿份）	期末净资产（亿元）	净资产变动率
2021-12-31	0.51	0.15	0.63	1.14	161.53%
2021-09-30	0.18	0.11	0.27	0.43	52.31%
2021-06-30	0.01	0.01	0.21	0.29	10.40%
2021-03-31	0.07	0.03	0.20	0.26	19.02%
2020-12-31	0.01	0.04	0.17	0.22	-12.08%
2020-09-30	0.04	0.05	0.19	0.25	-11.04%
2020-06-30	0.05	0.06	0.23	0.28	4.56%
2020-03-31	0.09	0.07	0.23	0.27	12.48%
2019-12-31	0.01	0.07	0.21	0.24	-18.47%
2019-09-30	0.07	0.21	0.26	0.29	-32.90%
2019-06-30	0.20	0.03	0.41	0.43	-0.01%

图10.21　大成可转债增强债券基金的规模变化

10.3.4　利用持有人结构选择可转债基金

一般情况下,可转债基金的持有人有三种,分别是散户(个人)、机构和公司内部员工。

如果机构持仓比例太高,投资者最好不要选择,这是因为一旦机构大规模地赎回,就会影响基金的正常运作,还有可能导致清盘。机构持有比例建议在50%以下是比较合适的。

投资者可以关注公司内部员工持有比例高的可转债基金。公司内部看好自己管理的基金,真金白银地去买,这也是对该基金的一种肯定。大成可转债增强债券基金的持有人结构如图10.22所示。

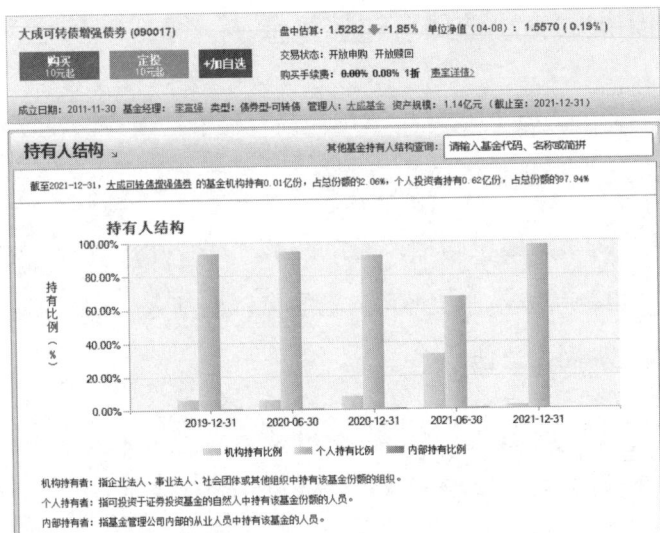

图10.22　大成可转债增强债券基金的持有人结构

10.3.5　利用基金经理选择可转债基金

投资者在投资某只可转债基金之前，应该清楚谁是这只基金的基金经理，这位基金经理具有什么样的资历。一位好的基金经理，可以让我们投资的基金的业绩更上一层楼，从而让我们获得更高的收益。

在考察基金经理时，可以从四个方面入手进行考察，分别是基金经理是否有管理经验、基金经理的投资理念、基金费用水平、基金经理的诚信度，如图10.23所示。

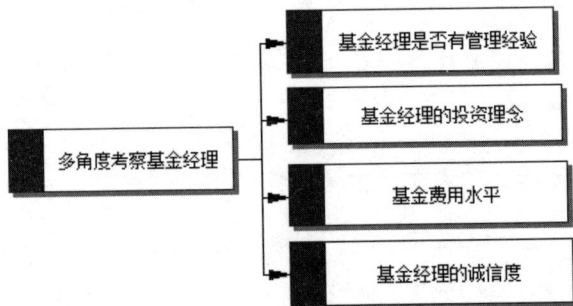

图10.23　多角度考察基金经理

1. 基金经理是否有管理经验

选择可转债基金时,要重点关注该基金的基金经理的从业历史,了解该基金经理以往的管理基金业绩,从而了解其管理水平。

2. 基金经理的投资理念

好的投资理念是投资成功的一半,这对基金经理来说也不例外。投资者要了解基金经理的投资理念与自己的理念是否相符,投资风格与基金投向是否一致。了解基金经理的投资理念后,就可以大致判断基金的投资方向,从而对其未来的风险和收益有一定了解。

3. 基金费用水平

新基金的管理费用通常要比老基金高一些,小规模的基金管理费用通常要比大规模基金的管理费用高些。在这里要注意的是,不是基金公司的管理费用越低越好,因为较高的管理费用是留住有实力的基金经理的重要保证。能够为投资者带来超额收益的基金经理,其高额的薪酬也是应该的。

4. 基金经理的诚信度

基金经理的诚信度是很重要的。我们要看基金经理是否以广大投资者的利益为重,是否有违规操作的记录。投资者将资金交给了基金经理来运作,基金经理就应该为投资者的保值和增值负责。有违规操作记录的基金经理,即使水平再高,我们也应该坚决抵制。

选择基金经理有三项原则,分别是选择保持稳定的基金经理、选择多面手的基金经理、不宜过分突出经理的个性化,如图10.24所示。

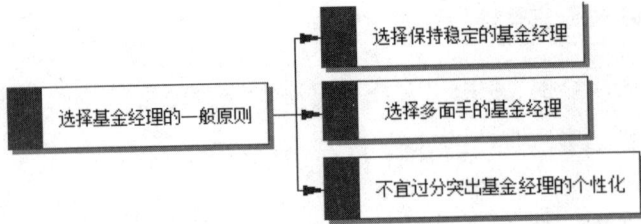

图10.24　选择基金经理的一般原则

1. 选择保持稳定的基金经理

只有稳定才能更好地发展。市场发展有一定的阶段性，价格变化有一定的周期性，国民经济更有一定的运行规律，不考虑周期性因素、阶段性变化对资产配置品种的影响，基金经理的运作业绩是很难保持稳定的。所以，选择长期在一家公司任职并保持业绩稳定增长的基金经理，是一个非常重要的原则。

2. 选择多面手的基金经理

通过经理的履历可以发现，研究型的基金经理相对较多，研究在产品的运作中起着十分重要的作用，实践证明，具有丰富实战经验的基金经理，在运作中胜算更大。所以，好基金经理既应该是一位优秀的投资研究员，也应该是一位出色的投资操盘手。

3. 不宜过分突出基金经理的个性化

基金的个性化运作规律应是产品的运作规律，是资产配置组合的运作规律，而不是完全以基金经理的风格来决定，更不是策略的简单复制。注重基金经理的个性和风格非常重要，但是不能完全依赖。一只基金运作的好坏，应是基金经理背后团队的力量，作为基金经理应只是指挥和引导团队运作的带头人，因此，崇拜基金经理个人不如转变为崇拜运作团队，过分宣扬基金经理的个人魅力是不足取的。